Das #2021 Dutch Oven Rezeptbuch

Eine große Auswahl an schmackhaften und leckeren Gerichten zum Schmoren, Grillen und Kochen für zu Hause oder den Campingplatz

Michael K. Jäger

ISBN – 9798746812155

INHALTSVERZEICHNIS

Der Dutch Oven

Die erste Geschichte des niederländischen Ofenkochtopfs oder des bekannten Dutch Ovens wurde gegen Ende des 18. Jahrhunderts, um das Jahr 1769 aufgezeichnet. Die Dutch Ovens haben sich im Laufe der Zeit verändert und wurden in vielen Formen und Materialien in verschiedenen Teilen der Welt verwendet. Der heutige Dutch Oven ähnelt nur geringfügig denen unserer Vorfahren.

Bevor Sie dieses Kochbuch weiter lesen, ist es wichtig zu verstehen, dass ein Dutch Oven im Wesentlichen eines von drei Dingen sein kann. Er kann ein Metallschild zum Braten vor einem offenen Feuer sein, er kann ein Steinofen sein, der mit vorgeheizten Wänden kocht und schließlich kann er ein gusseiserner Kessel oder Topf mit einem dichten und schweren Deckel sein. Letzteres wird im Allgemeinen verwendet, um eine Mahlzeit über einem offenen Feuer oder in einem Ofen vorzubereiten.

Die Herkunft des Dutch Ovens

Es ist fest etabliert, dass der Dutch Oven erstmals gegen Ende des 18. Jahrhunderts verwendet wurde. Dieses Datum bezieht sich insbesondere auf die Verwendung des Dutch Ovens im Zusammenhang mit dem Metallschild, das zuvor erwähnt worden ist. Wenn man das Jahr 1769 als Jahr nimmt, an dem der Dutch Oven das erste Mal als Kochgerät verwendet wurde, muss auch darauf geachtet werden, dass es mehrere Arten des Dutch Ovens gab und diese zu differenzieren sind. In diesem Fall bezieht man sich jedoch auf das Metallschild – das heute wahrscheinlich nicht die gebräuchlichste niederländische Ofenkochmethode ist.

Technisch gesehen waren die Niederländer die ersten, die niederländische Ofenkochmethoden verwendeten. Das wesentliche Detail hierbei ist, dass die Niederländer noch Messingtöpfe verwendet haben, als ihre Techniken zum ersten

Mal von Außenstehenden „entdeckt“ wurden. Ein wichtiger Name zu dieser Zeit war Abraham Darby, dem während der ersten industriellen Revolution eine entscheidende Rolle zugeschrieben wird. Übrigens entspricht der Zeitplan der ersten industriellen Revolution der Popularisierung der Dutch Ovens in Europa. Nachdem Darby Anfang des 18. Jahrhunderts die Niederlande besucht hatte, beobachtete er die niederländischen Techniken und versuchte, sie zu übernehmen und zu modernisieren.

Die Antwort auf die Frage wäre also, dass niederländische Ofenkochmethoden erstmals in den Niederlanden angewendet wurden und diese wurden ihnen als „Kochen mit dem Dutch Oven“ zugeschrieben, aber eigentlich waren es die Briten, die als Erste Gusseisen verwendeten. Im 21. Jahrhundert sind es die gusseisernen Töpfe und Kessel, die das Kochen mit Dutch Oven geprägt haben.

Die Person, die für die Einführung des Gusseisenkochens bekannt war, ist Darby selbst. Während Darby mit den traditionellen Sandformen der Niederländer zufrieden war, kam doch die Notwendigkeit, sein Unternehmen rentabler oder finanziell tragfähiger zu machen und dies führte zum Gießen von Eisen. Letztendlich war die Gusseisenmethode günstiger als Sand, aber es war auch eine Weiterentwicklung davon, weshalb der Name Dutch Oven drei Jahrhunderte später erhalten geblieben ist. Wie bereits erwähnt, ist der Dutch Oven vielleicht der beliebteste Name für diesen einfachen, abgedeckten Topf, aber das Konzept findet sich in vielen Kulturen auf der ganzen Welt.

Die Niederländer bezeichnen diese Töpfe als Braadpan oder Sudderpan, was übersetzt „Bratpfanne“ bzw. „Kochpfanne“ bedeutet.

Wie verwendet man den Dutch Oven am besten?

Der Dutch Oven war schon immer ein vielseitiges Konzept. Im einfachsten Fall ist der Dutch Oven ein abgedeckter Topf. Aber es ist wirklich viel mehr als das. Seine frühesten Verwendungszwecke waren das Kochen direkt auf offenen Flammen. Deshalb musste der Topf sehr robust sein und deshalb brauchte er auch einen gut sitzenden Deckel. Wer möchte schon, dass Glut und Asche von einem Feuer in sein Essen gelangen?

Noch heute sind Varianten des Dutch Ovens ein Grundnahrungsmittel für das Kochen am Lagerfeuer. Die gusseiserne Konstruktion wird als Camping- oder Cowboy-Holländerofen bezeichnet und ist ideal, um den Strapazen des Kochens in einer Umgebung mit offenem Feuer standzuhalten. Als sich der Topf weiterentwickelte, fügten die Amerikaner dem Dutch Oven kleine Beine hinzu, um ihn ein wenig über die Kohle zu heben. Einige Töpfe verwendeten einen angebrachten Klappdeckel, um sicherzustellen, dass der Deckel anhielt, um unerwünschtes Material aus dem zu kochenden Essen herauszuhalten.

Interessanterweise können Dutch Ovens beim Kochen tatsächlich aufeinandergestapelt werden. Der Boden eines Topfes dient als Deckel des darunter liegenden Topfes. Die Wärme wird gespeichert und nach oben übertragen. Es gibt Beispiele für Töpfe, die mit dieser Technik bis zu 5 oder 6 Töpfe hochstapeln können.

Das Erste, woran wir oft denken, wenn wir über die Verwendung eines Dutch Ovens nachdenken, sind Dinge wie Eintöpfe oder Suppen. Während der Topf perfekt für solche Kreationen geeignet ist, muss erwähnt werden, dass seine Nützlichkeit nicht nur auf flüssige Gerichte beschränkt ist, sondern auf vieles mehr. Mit ein wenig Kreativität kann der Dutch Oven sehr ähnlich wie ein traditioneller Ofen zur Herstellung von Backwaren wie Brot und Brötchen verwendet werden. Er eignet sich auch gut zum Kochen, Braten oder Schmoren von Fleisch. Aber mit mehr Kreativität können Sie auch anderes tun. Wenn Sie beispielsweise ein Drahtgitter in den Dutch Oven stellen, können Sie tatsächlich zwei Kochbereiche erstellen, die ein anspruchsvolles Gären ermöglichen.

Falls Sie einen Dutch Oven kaufen, der nicht eingebrannt ist, sollten Sie dies vor der ersten Nutzung unbedingt selbst machen. Zuerst müssen Sie den neuen Dutch Oven mit warmem Seifenwasser aus der Verpackung spülen, um das Wachskonservierungsmittel zu entfernen. Dies ist das einzige Mal, dass Sie jemals Seife für Ihren Dutch Oven verwenden. Lassen Sie alles abtropfen und gründlich trocknen und bestreichen alle Oberflächen innen und außen mit hochwertigem Pflanzenöl mit einem Baumwolltuch. Gießen Sie genug Pflanzenöl ein, um den Boden des Dutch Oven komplett zu bedecken und legen ihn etwa 30 Minuten lang in einen 220-Grad-Ofen. Er wird dazu neigen, etwas zu rauchen, deshalb wäre es empfehlenswert, dies draußen in einem Gasgrill zu machen. Falls Sie keinen haben, können Sie es auch im Ofen machen.

Nehmen Sie nach 30 Minuten den Dutch Oven heraus und streichen Sie Öl auf allen Oberflächen des Dutch Ovens. Seien Sie vorsichtig – das Öl wird heiß! Drehen Sie den Ofen auf 200 Grad herunter und stellen Sie den Dutch Oven für eine Stunde zurück. Schalten Sie am Ende der Stunde den Ofen aus und lassen den Dutch Oven über Nacht stehen. Kochen Sie am nächsten Morgen das restliche Öl auf dem Boden und den anderen Oberflächen des Dutch Ovens und Sie sind fertig. Jetzt können Sie ihn ideal nutzen.

Das Bieröl färbt den Dutch Oven sehr dunkelbraun, fast schwarz. Solange Sie keine Metallutensilien verwenden und mit Seife waschen, hält der Dutch Oven jahrelang und rostet nicht. Wenn die Patina jemals zerstört wird, wiederholen Sie den Einbrennvorgang.

Wie suchen wir einen guten Dutch Oven aus?

Es gibt nur ein paar wichtige Überlegungen, die Sie beim Kauf eines Dutch Ovens beachten müssen und diese werden Sie in diesem Kochbuch finden.

In erster Linie sollten Sie die Größe der Pfanne berücksichtigen, die Sie benötigen. Größere Pfannen eignen sich hervorragend für die Zubereitung von viel Essen. Wenn Sie jedoch das Gefühl haben, dass Sie kleinere Gerichte zubereiten werden, passt ein kleinerer Topf besser für Sie. Das Kochen kleiner Portionen in einem großen Topf kann schwierig sein, da das Erhitzen des gesamten Topfes länger dauert und die Zutaten erhitzen sich möglicherweise nicht gleichmäßig. Wählen Sie also die richtige Topfgröße für Ihre Bedürfnisse.

Die nächste Wahl, die Sie treffen müssen, ist das Material, das Sie bevorzugen. Moderne Dutch Ovens gibt es in zwei gängigen Varianten: blankes Gusseisen oder emailliert mit einer Basis aus Gusseisen oder Keramik.

Nacktes Gusseisen

Jedes davon hat seine Vor- und Nachteile. Viele Köche schwören auf alle Modelle aus Gusseisen, da sie sagen, dass sie sich gleichmäßiger erwärmen und die Wärme besser speichern und haltbarer (d. h. Kratzfest) sind. Aber blankes Gusseisen erfordert definitiv mehr Sorgfalt. Wie wir vorher über die Zubereitung des gusseisernen Dutch Ovens festgestellt haben, müssen diese Töpfe vor dem Gebrauch häufig eingebrannt werden. Die Reinigung kann auch etwas komplizierter sein. Sie können Ihren gusseisernen Dutch Oven nicht einfach in die Spülmaschine werfen. Normalerweise reinigen Sie diese Töpfe, indem Sie Wasser darin kochen und dann mit einer Bürste oder einem Schwamm schrubben.

Einige Köche bestehen darauf, auch die Innenflächen regelmäßig zu ölen. Wenn Sie den Topf mit geschlossenem Deckel aufbewahren, sollten Sie ein Papiertuch oder ein anderes feuchtigkeitstransportierendes Material im Topf lassen, um überschüssige Feuchtigkeit aufzunehmen, die sich möglicherweise ansammelt.

Emailliertes Gusseisen

Emailliertes Gusseisen ist in einigen Kreisen beliebt geworden. Der offensichtlichste Vorteil des emaillierten Dutch Ovens sind alle lustigen Farben, die verwendet werden können. Diese Farben sind jedoch mit Kosten verbunden. Einige Köche bestehen darauf, dass sich der emaillierte Topf nicht so gleichmäßig erwärmt und weder die Wärme noch das bloße Gusseisen speichert. Außerdem sind die emaillierten Oberflächen Kratzern ausgesetzt. Das kann das Aussehen des Topfes im Laufe der Zeit beeinträchtigen.

Viele emaillierte Teile können jedoch in der Spülmaschine gereinigt werden. Das kann eine echte Zeitersparnis sein. Obwohl sie leicht gelagert werden können, sollte das Stapeln vermieden werden, um Kratzer nach außen zu vermeiden. Ein weiterer Vorteil, den einige Köche für den emaillierten Topf nennen, ist das hellere Interieur. Eine hellere Oberfläche erleichtert die Beurteilung des Gärfortschritts und der Bräunung von darin gekochten Lebensmitteln. In einem Dutch Oven aus Gusseisen kann es schwierig sein, den Inhalt im Gegensatz zu den dunklen Innenseiten zu sehen.

Andere Materialien

Sie können ähnliche Gärergebnisse mit anderen Materialien als Gusseisen erzielen. Das beliebteste alternative Material ist offensichtlich Edelstahl. Wir sehen oft, dass dieses Material für Dutch Ovens verwendet wird, um das Gewicht zu reduzieren und die Tragbarkeit zu erhöhen. Es ist zwar leichter als Gusseisen, aber nicht so langlebig. Laut den meisten Köchen hält es die Hitze nicht annähernd so gut wie Gusseisen. Abhängig von Ihrem Verwendungszweck kann Edelstahl jedoch eine gute Option für Sie sein. Es gibt auch eine Keramikoption, die jedoch normalerweise genau wie das emaillierte Gusseisen überlackiert sind.

Die Vorteile eines Dutch Ovens

Das Kochen in Dutch Ovens während Freizeitaktivitäten wie Camping hat eine Reihe von Vorteilen wie:

- Sie haben eine außergewöhnliche Fähigkeit, Hitze zu speichern.
- Langsames Kochen hilft, dass die Aromen tiefer eindringen.
- Dutch Ovens sind vielseitig und ideal für eine Vielzahl von Kochstilen.
- Der Deckel kann als Pfanne verwendet werden.
- Sie können Rezepte ausprobieren, die beim Camping im Allgemeinen nicht verfügbar sind.
- Sie können leicht mit heißem Wasser gereinigt werden.

Die ideale Instandhaltung des Dutch Ovens

Es gibt einige wichtige Tipps zum Reinigen eines Dutch Ovens nach dem Gebrauch. Verwenden Sie niemals Seife. Dadurch wird die Patina des Topfs beschädigt und auf Lebensmittel gelegt und es besteht Rostgefahr. Füllen Sie beim Reinigen den Dutch Oven mit warmem Wasser oder erhitzen Sie das Wasser in einem Tieflandofen am Feuer. Lassen Sie das heiße Wasser etwa 10 Minuten lang drinnen, spülen es dann ab und entfernen die restlichen Lebensmittel mit Plastik- oder Holzspänen. Stellen Sie sicher, dass Sie dasselbe mit dem Deckel tun. Spülen Sie es erneut mit sehr heißem Wasser ab und trocknen es gründlich mit einem Papiertuch. Lassen Sie es dann an der Luft trocknen. Der Topf ist noch warm, sodass der Trocknungsvorgang nur wenige Minuten dauert. Decken Sie dann die gesamte Innenfläche des Topfes und Deckels mit einer leichten Schicht Pflanzenöl ab. Wenn Sie den Deckel wieder auf den Aufbewahrungstopf setzen, legen Sie ein Papiertuch zwischen Deckel und Dutch Oven, um sicherzustellen, dass Sie ihn wieder öffnen können.

Das Kochen mit einem Dutch Oven macht viel Spaß, egal ob Sie auf einem Campingausflug oder in Ihrem eigenen Garten kochen. Wenn Sie mit dem Dutch Oven gut umgehen, können Sie ihn jahrelang verwenden. Sie halten enormer Hitze stand und sind dafür bekannt, die besten Gerichte zuzubereiten. Darüber hinaus sind sie vielseitig und für das Kochen im Innen- und Außenbereich geeignet. Aufgrund der Vielseitigkeit und Größenunterschiede können Sie sich immer für das ideale Gericht entscheiden.

Tipps und Tricks

Dutch Ovens gelten als nützliche Kochutensilien, die ein Leben lang halten können. Das kann jedoch nur geschehen, wenn Sie bestimmte Tipps befolgen, die Ihnen bei der ordnungsgemäßen Verwendung dieses Kochgeräts helfen können.

1) Bevor Sie Ihren Dutch Oven zum ersten Mal benutzen, sollten Sie ihn mit heißem Seifenwasser waschen. Trocknen Sie ihn dann mit einem weichen, sauberen Tuch. Obwohl viele Arten des Dutch Ovens mithilfe eines Geschirrspülers gewaschen werden können, ist es empfehlenswert, ihn mit der Hand zu waschen, wann immer Sie können.
2) Dutch Ovens mit Gusseisen zeichnen sich durch ihre Fähigkeit aus, Wärme zu speichern. Dank dieser Eigenschaft tragen sie dazu bei, mehr Wärme zu speichern. Daher bleibt der Prozess der Wärmeverteilung während des Kochvorgangs ausgeglichen, sodass so viel Aromen wie möglich erhalten bleiben. Außerdem kann der Dutch Oven dazu beitragen, das Essen ziemlich lange warm zu halten.
3) Sie können den Dutch Oven immer über allen Wärmequellen verwenden, z. B. auf einem Gasherd, in einem Ofen, auf elektrischen Öfen oder sogar auf einem Grill. Außerdem können Sie auch mit Holz oder Kohle arbeiten. Wenn Sie also einen Dutch Oven benutzen, haben Sie die Freiheit, jede mögliche Wärmequelle nach Ihren Wünschen und Anlässen zu verwenden.
4) Achten Sie bei der Verwendung eines Dutch Ovens darauf, niemals sehr hohe Temperaturen zu verwenden. Dies sollten Sie nur machen, wenn Sie Wasser, Nudeln oder Gemüse kochen müssen oder die Konsistenz von Soßen und Brühen zu verringern. In der Tat funktionieren sie sehr gut, wenn die Hitze ausgeglichen und unter Kontrolle ist.
5) In der Regel sollten Sie Lebensmittel niemals in einem Dutch Oven kochen, ohne sie einzufetten, da Sie auf diese Weise das Risiko eingehen, das diese verkleben oder verbrennen. Verwenden Sie einfach Öl, Fett oder Butter.
6) Sie können Zutaten in Ihrem Dutch Oven auch marinieren. Ja, und keine

Sorge, das Marinieren von Lebensmitteln ist eine sichere Option, die sicher mit rohen Zutaten oder Säuren verwendet werden können.

7) Wenn Sie einen Dutch Oven verwenden und ihn nicht zerkratzen wollen, ist es besser, hölzerne Kochutensilien oder Utensilien aus Silikon zu verwenden. Wenn Sie das Risiko von Kratzern bei Ihrem Dutch Oven vermeiden möchten, vermeiden Sie Scheuermittel wie metallische Scheuerschwämme.

8) Überprüfen Sie immer, ob Ihr Dutch Oven trocken ist. Trocknen Sie ihn immer vollständig, wenn Sie ihn im Regal aufbewahren möchten. Halten Sie ihn außerdem von Feuchtigkeit fern, damit das Eisen nicht rostet und Sie Ihr wertvolles Kochgeschirr verlieren.

9) Etwa 30 Minuten bevor Sie Ihren Dutch Oven im Freien benutzen, sollten Sie ein Feuer machen. Die meisten Gerichte, die in einem Dutch Oven zubereitet werden, brauchen ungefähr 1 Stunde, um perfekt gekocht zu sein. Sie sollten den Kochvorgang etwa zwei Stunden vor Sonnenuntergang starten, um pünktlich zu Abend zu essen.

10) Wenn Sie das Lagerfeuer für den Dutch Oven eingerichtet haben, machen Sie so weiter, dass Sie eine schöne Kohle in Gang bringen. Die Kohle, die Sie erhalten, hilft Ihnen dabei, Ihr Essen richtig zu kochen, anstatt es zu verbrennen. Es wird auch empfohlen, einige kleine Steine zu sammeln, um eine Grube zu schaffen. Seien Sie auch geduldig und öffnen Sie den Deckel während des Kochens nicht häufig, da Sie Gefahr laufen, dass die Wärme freigesetzt wird und Sie den Gärvorgang möglicherweise verzögern.

Rezepte

Suppen & Vorspeisen

„Kichererbsen-Tortilla-Suppe“

Zubereitungszeit: 30 Minuten

ZUTATEN FÜR 4 PORTIONEN:

- 1 EL Olivenöl
- 1 rote Zwiebel, gehackt
- 4 gehackte Knoblauchzehen
- 1 bis 2 Jalapenos (entkernt und gehackt, optional)
- 1/4 TL Pfeffer
- 8 Tassen Gemüsebrühe
- 1 Tasse rote Quinoa, gespült
- 450 g Kichererbsen (gespült und abgetropft)
- 450 g schwarze Bohnen (gespült und abgetropft)
- 3 mittelgroße Tomaten, gehackt
- 1 Tasse frischer oder gefrorener Mais
- 1/3 Tasse gehackter frischer Koriander
- Optionale Zutaten: Crushed Tortilla Chips, gewürfelte Avocado, Limettenstücke und zusätzlicher gehackter Koriander

Nährwertangaben pro Portion
289 kcal
48 g Kohlenhydrate
13 g Eiweiß
5 g Fett

ZUBEREITUNG:

1. Erhitzen Sie Öl in einem Dutch Oven bei mittlerer bis hoher Hitze.
2. Fügen Sie die rote Zwiebel, den Knoblauch, die Jalapenos und den Pfeffer hinzu, falls gewünscht.
3. Rühren und kochen Sie die Zutaten 3 bis 5 Minuten lang, bis sie weich sind.
4. Fügen Sie die Gemüsebrühe und Quinoa hinzu und bringen alles zum Kochen.
5. Reduzieren Sie dann die Hitze und lassen es unbedeckt ca. 10 Minuten köcheln, bis die Quinoa weich ist.
6. Fügen Sie die Kichererbsen, Bohnen, Tomaten, Mais und Koriander hinzu.
7. Falls gewünscht, können Sie das Gericht mit optionalen Zutaten servieren.

„Lunch-Box Hühnersuppe“

Zubereitungszeit: 45 Minuten

ZUTATEN FÜR 4 PORTIONEN:

- 2 EL Olivenöl
- 2 Tassen geschnittene frische Pilze
- 2 mittelgroße Karotten, gehackt
- 2 Sellerie, gehackt
- 1 kleine Zwiebel, gehackt
- 1/3 Tasse Allzweckmehl
- 900 ml Hühnerbrühe
- 2 Tassen gewürfeltes gekochtes Huhn
- 250 g servierfertiger gebratener Reis
- 1/2 TL Pfeffer

Nährwertangaben pro Portion
224 kcal
23 g Kohlenhydrate
15 g Eiweiß
7 g Fett

ZUBEREITUNG:

1. Erhitzen Sie Öl in einem Dutch Oven bei mittlerer bis hoher Hitze.
2. Fügen Sie das ganze Gemüse hinzu und kochen es mit ständigem Umrühren, bis die Karotten knusprig und zart sind.
3. Rühren Sie Mehl und die Hühnerbrühe in einer Schüssel glatt und geben die Mischung in den Dutch Oven.
4. Bringen Sie die Zutaten unter ständigem Rühren zum Kochen und kochen es so 5 bis 6 Minuten lang, bis die Suppe eingedickt ist.
5. Fügen Sie die gekochten Hühnerstückchen und den Reis hinzu und erhitzen sie unter gelegentlichem Rühren (nicht kochen lassen).

„Cremige Paprikasuppe“

Zubereitungszeit: 45 Minuten

ZUTATEN FÜR 4 PORTIONEN:

- 2 große Zwiebeln, gehackt
- 1/4 Tasse Butter, gewürfelt
- 4 gehackte Knoblauchzehen
- 2 große Kartoffeln (geschält und gewürfelt)
- 200 g geröstete rote Paprika (abgetropft, trocken getupft und gehackt)
- 5 Tassen Hühnerbrühe
- 450 ml Birnen in Saft
- 1/8 TL Cayennepfeffer
- 1/8 TL schwarzer Pfeffer
- Optional: Gehackter Schnittlauch, Sahne und Croutons

Nährwertangaben pro Portion
127 kcal
20 g Kohlenhydrate
3 g Eiweiß
4 g Fett

ZUBEREITUNG:

1. Braten Sie zart die Zwiebeln in Butter in einem Dutch Oven an.
2. Fügen Sie Knoblauch hinzu und lassen ihn 1 Minute länger kochen.
3. Fügen Sie die Kartoffeln, Paprika und Hühnerbrühe hinzu und bringen die Zutaten zum Kochen.
4. Reduzieren Sie die Hitze, decken den Topf ab und lassen alles 15 bis 20 Minuten köcheln oder bis das Gemüse weich ist.
5. Nehmen Sie den Dutch Oven dann vom Herd und fügen die Birnen mit Saft hinzu.
6. Stellen Sie alles beiseite und lassen es abkühlen.
7. Pürieren Sie die Suppe mit einem Mixer in Portionen.
8. Geben Sie den Cayennepfeffer und schwarzen Pfeffer in die Pfanne, bis sie durchgeheizt sind.
9. Sie können das Gericht auf Wunsch mit gehacktem Schnittlauch, Sahne und Croutons servieren.

„Thailändische Garnelensuppe“

Zubereitungszeit: 40 Minuten

ZUTATEN FÜR 4 PORTIONEN:

- 1 mittelgroße Zwiebel, gehackt
- 1 EL Olivenöl
- 3 Tassen natriumreduzierte Hühnerbrühe
- 1 Tasse Wasser
- 1 EL brauner Zucker
- 1 EL gehackte frische Ingwerwurzel
- 1 EL Fischsoße oder Sojasoße
- 1 EL rote Curry-Paste
- 1 Zitronengrasstiel
- 500 g ungekochte große Garnelen, geschält
- 1-1/2 Tassen gefroren geschälten Edamame
- 400 ml leichte Kokosmilch
- 200 g Babymais (abgetropft und halbiert)
- 1/2 Tasse Bambussprossen
- 1/4 Tasse frische Basilikumblätter
- 1/4 Tasse gehackter frischer Koriander
- 2 EL Limettensaft
- 1-1/2 TL geriebene Limettenschale
- 1 TL Currypulver

Nährwertangaben pro Portion
163 kcal
9 g Kohlenhydrate
14 g Eiweiß
7 g Fett

ZUBEREITUNG:

1. Braten Sie die Zwiebel in Öl in einem Dutch Oven an, bis sie weich ist.
2. Fügen Sie die Hühnerbrühe, Wasser, braunen Zucker, Ingwer, Fischsoße, Curry-Paste und Zitronengras hinzu und bringen die Zutaten zum Kochen.
3. Reduzieren Sie die Hitze und rühren vorsichtig die Garnelen und Edamame ein.
4. Lassen Sie es unbedeckt 5 bis 6 Minuten kochen oder bis die Garnelen rosa werden.
5. Fügen Sie die Kokosmilch, Mais, Bambussprossen, Basilikum, Koriander, Limettensaft, Limettenschale und Currypulver hinzu.
6. Nachdem die Suppe fertig ist, werfen Sie noch das Zitronengras weg.

„Asiatische Hühnernudelsuppe“

Zubereitungszeit: 55 Minuten

ZUTATEN FÜR 4 PORTIONEN:

- 400 g Hähnchenbrust (ohne Knochen und Haut, in Würfel geschnitten)
- 1 EL Sesamöl
- 2 mittelgroße Karotten (in Scheiben geschnitten)
- 1 Sellerie, gehackt
- 1 mittelgroße Zwiebel, gehackt
- 3 Tassen Hühnerbrühe
- 1/3 Tasse Teriyaki-Soße
- 1/4 Tasse Chili-Knoblauch-Soße
- 1 Packung Wonton-Teigblätter (in Streifen geschnitten)
- 1 Tasse geschnittene frische Shiitake-Pilze
- 1/3 Tasse gehackte Sellerieblätter
- 1/4 Tasse gehacktes frisches Basilikum
- 1 EL gehackter frischer Koriander
- 1 Frühlingszwiebel (in Scheiben geschnitten)

Nährwertangaben pro Portion
227 kcal
27 g Kohlenhydrate
19 g Eiweiß
4 g Fett

ZUBEREITUNG:

1. Kochen Sie als Erstes die Hähnchenbrust bei mittlerer Hitze in einem Dutch Oven in Öl, bis sie nicht mehr rosa ist.
2. Entfernen Sie das Fleisch aus der Pfanne und halten es warm.
3. Braten Sie in der gleichen Pfanne die Karotten, Sellerie und die Zwiebel an, bis sie weich sind.
4. Rühren Sie dann die Hühnerbrühe, Teriyaki-Soße, Chili-Knoblauch-Soße und das Fleisch ein und bringen alles zum Kochen.
5. Reduzieren Sie die Hitze und lassen es 20 Minuten unbedeckt köcheln.
6. Fügen Sie die Wonton-Teigblätter, Pilze, Sellerieblätter, Basilikum und Koriander hinzu.
7. Kochen Sie wieder alles 4 bis 5 Minuten unter ständigem Rühren oder bis die Wontonstreifen und Pilze weich sind.
8. Bestreuen Sie das Gericht noch mit der Frühlingszwiebel.

„Bratwurstsuppe“

Zubereitungszeit: 35 Minuten

ZUTATEN FÜR 4 PORTIONEN:

- 450 g ungekochte Bratwurststücke (von Hüllen entfernt)
- 1/2 Tasse gehackte Zwiebel
- 1 mittelgroße Karotte, gehackt
- 250 g weiße Bohnen (gespült und abgetropft)
- 1/4 Tasse eingelegte Jalapenos, gehackt
- 1/2 TL Pfeffer
- 1 Tasse natriumreduzierte Hühnerbrühe
- 1/4 Tasse Allzweckmehl
- 1 Tasse 2 % Milch
- 6 Scheiben amerikanischer Käse

Nährwertangaben pro Portion
468 kcal
33 g Kohlenhydrate
25 g Eiweiß
25 g Fett

ZUBEREITUNG:

1. Braten Sie die Bratwurst mit Zwiebeln und Karotten bei mittlerer Hitze in einem Dutch Oven an, bis das Fleisch nicht mehr rosa ist, ca. 5 bis 7 Minuten lang.
2. Rühren Sie dann die Bohnen, Jalapenos, Pfeffer und Hühnerbrühe ein und bringen es wieder zum Kochen.
3. Rühren Sie in der Zwischenzeit das Mehl und 1/2 Tasse Milch glatt und fügen es der Suppe unter ständigem Rühren hinzu.
4. Kochen Sie die Suppe, bis sie eingedickt ist, ca. 5 Minuten lang.
5. Geben Sie die restliche Milch nach und nach hinzu.
6. Danach sollten Sie den Käse hinzufügen und alles weiter bei schwacher Hitze kochen, bis der Käse geschmolzen ist.

„Spinatsuppe mit Wurst und Linsen"

Zubereitungszeit: 50 Minuten

ZUTATEN FÜR 4 PORTIONEN:

- 350 g würzige Schweinswurst
- 1 Tasse getrocknete braune Linsen, gespült
- 300 g Cannellini-Bohnen (gespült und abgetropft)
- 800 ml natriumreduzierte Hühnerbrühe
- 1 Tasse Wasser
- 300 g Tomatenwürfel
- 4 Tassen frischer Spinat (ca. 100 g)
- Zerbröckelter Ziegenkäse, optional

Nährwertangaben pro Portion
390 kcal
37 g Kohlenhydrate
22 g Eiweiß
17 g Fett

ZUBEREITUNG:

1. Braten Sie die Schweinswurst bei mittlerer Hitze ca. 5 bis 7 Minuten lang in einem Dutch Oven und zerbröckeln sie, bis sie nicht mehr rosa ist.
2. Nehmen Sie die Wurst heraus und stellen beiseite.
3. Geben Sie die Linsen, Bohnen, Hühnerbrühe und Wasser in den Dutch Oven und bringen alles zum Kochen.
4. Reduzieren Sie die Hitze, decken den Topf ab und lassen es 30 Minuten köcheln, bis die Linsen weich sind.
5. Rühren Sie dann die Tomaten ein und wärmen alles durch.
6. Nehmen Sie den Dutch Oven vom Herd und rühren noch den Spinat ein, bis er welk ist.
7. Sie können das Gericht auf Wunsch mit Ziegenkäse servieren.
8. Einfrieroption: Sie können die gekühlte Suppe in Gefrierbehältern einfrieren. Zum Gebrauch teilweise über Nacht im Kühlschrank auftauen lassen und dann in einem Topf unter gelegentlichem Rühren erhitzen.

„Cremige Meeresfrüchte-Bisque“

Zubereitungszeit: 50 Minuten

ZUTATEN FÜR 4 PORTIONEN:

- 1/2 Tasse Butter, gewürfelt
- 1 mittelrote Zwiebel, gehackt
- 1 Tasse geschnittene frische Pilze
- 1 gehackte Knoblauchzehen
- 1/2 Tasse Allzweckmehl
- 1 TL Salz
- 1 TL grob gemahlener Pfeffer
- 2 EL Tomatenmark
- 500 ml Hühnerbrühe
- 1 Tasse ganze Muscheln, abgetropft
- 150 g ungekochte mittelgroße Garnelen, geschält
- 1 Tasse Krabbenfleisch, abgetropft
- 1 Tasse Sahne
- 1/2 Tasse geriebener Parmesan
- 1 Frühlingszwiebel (in dünne Scheiben geschnitten)

Nährwertangaben pro Portion
453 kcal
12 g Kohlenhydrate
20 g Eiweiß
36 g Fett

ZUBEREITUNG:

1. Erhitzen Sie Butter in einem Dutch Oven bei mittlerer bis hoher Hitze.
2. Fügen Sie die Zwiebel und Pilze hinzu und braten sie 4 bis 5 Minuten lang oder bis sie weich sind.
3. Fügen Sie dann den Knoblauch hinzu und braten eine weitere Minute.
4. Rühren Sie das Mehl, Salz und Pfeffer unter, bis alles vermischt ist.
5. Fügen Sie noch das Tomatenmark hinzu und rühren nach und nach die Hühnerbrühe unter und bringen alles zum Kochen.
6. Reduzieren Sie die Hitze, decken den Topf ab und lassen die Zutaten 5 Minuten köcheln.
7. Fügen Sie die Muscheln und Garnelen hinzu und kochen es weiter.
8. Reduzieren Sie wieder die Hitze, lassen die Bisque weiter unbedeckt 5 bis 10 Minuten köcheln oder bis die Garnelen rosa werden. Rühren Sie es gelegentlich um.
9. Rühren Sie noch das Krabbenfleisch und Sahne ein und erhitzen es (nicht kochen).
10. Sie können das Gericht mit Käse und der Frühlingszwiebel servieren.

„Sizilianischer gedämpfter Lauch“

Zubereitungszeit: 20 Minuten

ZUTATEN FÜR 4 PORTIONEN:

- 4 Stücke mittelgroßer Lauch (nur weißer Teil, längs halbiert, gereinigt)
- 1 große Tomate, gehackt
- 1 kleine Orange (geschält, geschnitten und gehackt)
- 2 EL gehackte frische Petersilie
- 2 EL geschnittene griechische Oliven
- 1 TL Kapern, abgetropft
- 1 TL Rotweinessig
- 1 TL Olivenöl
- 1/2 TL geriebene Orangenschale
- 1/2 TL Pfeffer
- Zerbröckelter Feta-Käse

Nährwertangaben pro Portion
83 kcal
16 g Kohlenhydrate
2 g Eiweiß
2 g Fett

ZUBEREITUNG:

1. Stellen Sie einen Dampfkorb in einen Dutch Oven über 100 ml Wasser.
2. Legen Sie den Lauch in den Korb und bringen das Wasser zum Kochen.
3. Reduzieren Sie die Hitze, um einen niedrigen Siedepunkt aufrechtzuerhalten.
4. Kochen Sie alles 8 bis 10 Minuten lang bedeckt, bis es zart ist.
5. In der Zwischenzeit können Sie die restlichen 9 Zutaten vermischen.
6. Geben Sie den Lauch auf eine Servierplatte und übergießen Sie die Tomatenmischung darüber und bestreuen das Gericht mit Käse.

„Lyonnaise-Karotten“

Zubereitungszeit: 30 Minuten

ZUTATEN FÜR 4 PORTIONEN:

- 900 g frische Karotten
- 1 mittelgroße Zwiebel, dünn geschnitten
- 1/3 Tasse Butter
- 2 EL Allzweckmehl
- 2 TL Hühnchenbrühe
- 1/4 TL Salz
- 1/8 TL Pfeffer
- 1 Tasse Wasser
- Gehackte frische Petersilie

Nährwertangaben pro Portion

129 kcal
14 g Kohlenhydrate
2 g Eiweiß
8 g Fett

ZUBEREITUNG:

1. Bringen Sie 50 ml Wasser in einem Dutch Oven zum Kochen.
2. Fügen Sie die Karotten hinzu, decken den Topf ab und lassen die Karotten 5 bis 8 Minuten kochen, bis sie knusprig und zart sind.
3. In der Zwischenzeit können Sie die Zwiebel in Butter in einer großen Gusseisen- oder anderen schweren Pfanne anbraten, bis sie weich ist.
4. Rühren Sie das Mehl, Hühnchenbrühe, Salz und Pfeffer unter, bis alles vermischt ist.
5. Fügen Sie nach und nach Wasser hinzu und bringen es zum Kochen.
6. Kochen und Rühren Sie die Zutaten etwa 2 Minuten lang, bis sie eingedickt sind.
7. Lassen Sie die Karotten abtropfen und rühren in die Soße ein.
8. Sie können das Gericht noch mit Petersilie bestreuen.

„Cremige Pilze“

Zubereitungszeit: 25 Minuten

ZUTATEN FÜR 4 PORTIONEN:

- 1 kg geschnittene frische Pilze
- 1/2 Tasse Butter, gewürfelt
- 1/2 Tasse Allzweckmehl
- 2-1/2 Tassen Vollmilch
- 1 Tasse Kondensmilch
- 2 TL Salz

Nährwertangaben pro Portion
257 kcal
19 g Kohlenhydrate
10 g Eiweiß
16 g Fett

ZUBEREITUNG:

1. Geben Sie die Pilze in einen großen Suppentopf und bedecken sie mit Wasser.
2. Bringen Sie die Pilze unter Rühren zum Kochen.
3. Reduzieren Sie die Hitze, decken den Topf ab und lassen sie 3 Minuten köcheln oder bis sie weich sind.
4. Wenn Sie die Pilze herausnehmen, lassen Sie diese gut abtropfen.
5. Schmelzen Sie dann Butter in einem Dutch Oven und rühren das Mehl glatt ein.
6. Fügen Sie nach und nach Milch und Kondensmilch hinzu und bringen alles zum Kochen.
7. Kochen Sie und rühren die Zutaten, bis sie eingedickt sind, ca. 2 Minuten lang.
8. Danach können Sie Salz und die Pilze einrühren und kochen alles noch 3 bis 4 Minuten unter ständigem Rühren bei mittlerer Hitze oder bis alles durchgeheizt ist.

„Fiesta Mais“

Zubereitungszeit: 40 Minuten

ZUTATEN FÜR 4 PORTIONEN:

- 250 g Speckstreifen, gehackt
- 5 Tassen Zuckermais
- 1 mittel süße rote Paprika, fein gehackt
- 1 mittel süße gelbe Paprika, fein gehackt
- 220 g fettarmer Frischkäse
- 1/2 Tasse Sahne
- 100 g gehackte grüne Chilis, optional
- 2 TL Zucker
- 1 TL Pfeffer
- 1/4 TL Salz

Nährwertangaben pro Portion
249 kcal
22 g Kohlenhydrate
10 g Eiweiß
14 g Fett

ZUBEREITUNG:

1. Braten Sie den Speck bei mittlerer Hitze unter ständigem Rühren in einem Dutch Oven knusprig.
2. Entfernen Sie ihn dann mit einem geschlitzten Löffel und lassen auf Papiertüchern abtropfen.
3. Geben Sie 1 Esslöffel des Fetts in den Dutch Oven und werfen den Rest weg.
4. Fügen Sie den Mais, die rote und gelbe Paprika in den Topf hinzu und kochen alles bei mittlerer Hitze 5 bis 6 Minuten lang oder bis die Zutaten weich sind.
5. Rühren Sie dann die restlichen Zutaten ein, bis sie vermischt sind und bringen sie wieder zum Kochen.
6. Reduzieren Sie die Hitze und lassen alles abgedeckt 8 bis 10 Minuten lang köcheln oder bis das Gericht eingedickt ist.

„Texas Taco-Dip Platte“

Zubereitungszeit: 110 Minuten

ZUTATEN FÜR 4 PORTIONEN:

- 400 g Rinderhackfleisch
- 1 große Zwiebel, gehackt
- 100 g gewürfelte Tomaten
- 100 ml Tomatenmark
- 150 ml Tomatenpüree
- 1 EL Chilipulver
- 1 TL gemahlener Kreuzkümmel
- 1/2 TL Knoblauchpulver
- 2 TL Salz
- 300 g Bohnen (Pintobohnen in gewürzter Tomatensoße)
- 100 g Mais-Chips
- 1 Tasse gekochter Reis

Topping:

- 2 Tassen geriebener Cheddar-Käse
- 1 mittelgroße Zwiebel, gehackt
- 1 mittelgroßer Eisbergsalat, zerkleinert
- 3 mittelgroße Tomaten, gehackt
- 50 g geschnittene reife Oliven
- 1 Tasse pikante Soße, optional

Nährwertangaben pro Portion
522 kcal
47 g Kohlenhydrate
27 g Eiweiß
24 g Fett

ZUBEREITUNG:

1. Braten Sie das Rinderhackfleisch und Zwiebel bei mittlerer Hitze in einem Dutch Oven an, bis das Fleisch nicht mehr rosa ist.
2. Fügen Sie die gewürfelten Tomaten, Tomatenmark, Tomatenpüree, Chilipulver, Kreuzkümmel, Knoblauchpulver und Salz hinzu und lassen alles abgedeckt 90 Minuten lang köcheln.
3. Danach können Sie die Bohnen hinzufügen und erhitzen.
4. Servieren Sie die Mais-Chips, Reis, Fleischmischung, Käse, Zwiebel, den Salat, Tomaten und Oliven auf einer Platte.
5. Sie können die Vorspeisen auf Wunsch mit einer pikanten Soße servieren.

„Spritzig gebackene Bohnen"

Zubereitungszeit: 90 Minuten

ZUTATEN FÜR 4 PORTIONEN:

- 150 g Speckstreifen
- 1 große Zwiebel, gehackt
- 1 große süße gelbe Paprika, gehackt
- 1 große süße rote Paprika, gehackt
- 3 gehackte Knoblauchzehen
- 1 TL gemahlener Chipotle-Pfeffer
- 1/2 TL Pfeffer
- 300 g Schweinefleisch und Bohnen
- 150 g Butterbohnen (gespült und abgetropft)
- 150 g Kidneybohnen (gespült und abgetropft)
- 100 g Erbsen (gespült und abgetropft)
- 100 g Kichererbsenbohnen oder Kichererbsen (gespült und abgetropft)
- 100 g Pintobohnen (gespült und abgetropft)
- 100 g schwarze Bohnen (gespült und abgetropft)
- 500 ml Barbecue-Soße
- 1/3 Tasse Apfelessig

Nährwertangaben pro Portion
369 kcal
56 g Kohlenhydrate
13 g Eiweiß
11 g Fett

ZUBEREITUNG:

1. Heizen Sie den Backofen auf 190 °C vor.
2. Braten Sie dann den Speck bei mittlerer Hitze unter gelegentlichem Rühren in einem Dutch Oven knusprig.
3. Entfernen Sie den Speck mit einem geschlitzten Löffel und lassen ihn auf Papiertüchern abtropfen.
4. Geben Sie die Zwiebel, gelben und roten Paprika, Knoblauch, Chipotle-Pfeffer, normalen Pfeffer und das Schweinefleisch mit dem Fett vom Speck in den Dutch Oven und kochen es weiter unter Rühren, bis das Gemüse zart ist.
5. Nehmen Sie den Dutch Oven vom Herd und fügen die Bohnen und gebratenen Speck hinzu und vermischen alles mit der Barbecue-Soße und Essig.
6. Stellen Sie den Dutch Oven in den Ofen und backen das Gericht bedeckt 60 bis 90 Minuten lang, bis es durchgeheizt ist.
7. Gefrieroption: Sie können das Gericht auf Wunsch auch einfrieren, sodass Sie es in Gefrierbehältern geben. Zum Gebrauch können Sie es teilweise über Nacht im Kühlschrank auftauen lassen und dann in einem Topf bei gelegentlichem Umrühren erhitzen und bei Bedarf etwas Wasser hinzufügen.

Hauptgerichte

„Gourmet-Hähnchen mit Zucchini“

Zubereitungszeit: 120 Minuten

ZUTATEN FÜR 4 PORTIONEN:

- 1 ganzes Hähnchen (1 bis 2 kg)
- 2 TL koscheres Salz
- 4 Tassen trockene Brotwürfel (ca. 1-Zoll-Würfel)
- 2 Tassen gewürfelter Butternusskürbis (von ungefähr 1 kleinen Kürbis)
- 1 große Zucchini
- 1/2 große rote Zwiebel, gehackt
- 4 Zweige frischer Thymian

Nährwertangaben pro Portion
1040 kcal
36 g Kohlenhydrate
8 g Eiweiß
8 g Fett

ZUBEREITUNG:

1. Heizen Sie den Dutch Oven auf 190 °C vor.
2. Würzen Sie das Hähnchen mit Salz und trocknen es mit Papier.
3. Würzen Sie den Rest des Hähnchens mit Pfeffer.
4. Binden Sie die Beine auf Wunsch mit einem Küchenseil zusammen.
5. Während der Ofen aufheizt, können Sie die Beilagen vorbereiten.
6. Richten Sie das Hähnchen in die Mitte des Topfs, sodass Sie um das Fleisch genug Platz für die Beilagen haben.
7. Geben Sie die getrockneten Brotwürfel, Zucchini, Zwiebel, den Butternusskürbis und Thymian in den Dutch Oven.
8. Kochen Sie alle Zutaten eine Stunde lang im Topf mit bedecktem Deckel.
9. Nehmen Sie danach den Deckel ab und kochen das ganze weitere 30 Minuten lang oder bis das Fleisch eine goldbraune Farbe bekommt und weich ist.
10. Lassen Sie das Gericht noch weitere 15 Minuten ruhen und servieren es dann in Portionen.

„Dutch Oven Hähnchen mit Knödeln“

Zubereitungszeit: 95 Minuten

ZUTATEN FÜR 4 PORTIONEN:

- 2/4 Tasse Allzweckmehl, geteilt
- 1/2 TL Salz
- 1/2 TL frisch gemahlener Pfeffer
- 1 Hähnchen (ca. 1 kg, in Stücke geschnitten)
- 2 EL Rapsöl
- 1 große Zwiebel, gehackt
- 1 mittelgroße Karotte, gehackt
- 1 Sellerie, gehackt
- 2 gehackte Knoblauchzehen
- 3 Tassen Hühnerbrühe
- 1/2 Tasse Weißwein oder Apfelwein
- 2 TL Zucker
- 2 Lorbeerblätter
- 3 ganze Pfefferkörner

Knödel:

- 1-1/3 Tassen Allzweckmehl
- 2 TL Backpulver
- 1/2 TL Salz
- 2/3 Tassen 2 % Milch
- 1 EL Butter, geschmolzen

Suppe:

- 1/2 Tasse Schlagsahne
- 2 TL gehackte frische Petersilie
- 2 TL gehackter frischer Thymian
- Zusätzliches Salz und Pfeffer nach Geschmack

Nährwertangaben pro Portion
470 kcal
29 g Kohlenhydrate
32 g Eiweiß
24 g Fett

ZUBEREITUNG:

1. Mischen Sie in einer flachen Schüssel 1/2 Tasse Mehl, Salz und Pfeffer.
2. Fügen Sie das Hähnchen hinzu, Stück per Stück hintereinander und schütteln die überschüssigen Gewürze danach ab.
3. Erhitzen Sie Öl bei mittlerer bis hoher Hitze in dem Dutch Oven.
4. Braten Sie das Fleisch kurz von allen Seiten an und nehmen es aus dem Topf.
5. Geben Sie die Zwiebel, Karotten und Sellerie in den Topf und braten alles 6 bis 8 Minuten unter Rühren an oder bis die Zwiebel weich ist.
6. Fügen Sie Knoblauch hinzu und braten eine weitere Minute.
7. Rühren Sie dann 1/4 Tasse Mehl ein, bis alles vermischt ist.
8. Fügen Sie danach die Brühe unter ständigem Rühren hinzu.
9. Geben Sie den Wein, Zucker, Lorbeerblätter und Pfefferkörner hinzu.
10. Geben Sie das Hähnchen in den Topf und bringen es zum Kochen.
11. Reduzieren Sie die Hitze und lassen alles abgedeckt für 20 bis 25 Minuten köcheln oder bis die Hühnerbrühe klar ist.
12. Verquirlen Sie für die Knödel Mehl, Backpulver und Salz in einer Schüssel.
13. Verquirlen Sie dann in einer anderen Schüssel Milch und geschmolzene Butter, bis eine Mischung entsteht und fügen die Mehlmischung hinzu. Rühren Sie die Zutaten nur bis zur Befeuchtung um.
14. Lassen Sie die Mischung mit abgerundeten Esslöffeln auf ein mit Backpapier bedecktes Backblech fallen und legen es beiseite.
15. Nehmen Sie das Hähnchen aus dem Topf und lassen es leicht abkühlen.
16. Werfen Sie die Lorbeerblätter weg und schöpfen Fett aus der Suppe ab.
17. Reinigen Sie das Fleisch von Haut und Knochen und zerkleinern es mit 2 Gabeln grob in kleine Stücke und geben es wieder in den Topf.
18. Kochen Sie es weiter bedeckt auf hoher Stufe, bis alle Zutaten zusammen köcheln.
19. Lassen Sie die Knödel nacheinander in die kochende Suppe fallen.

20. Reduzieren Sie die Hitze und kochen alles abgedeckt 15 bis 18 Minuten oder bis ein Zahnstocher in der Mitte der Knödel sauber herauskommt (heben Sie den Deckel beim Kochen nicht an).
21. Rühren Sie dann noch die Sahne, Petersilie und Thymian vorsichtig ein und würzen das Gericht mit zusätzlichem Salz und Pfeffer.

„Estragon-Hähnchen auf dem Herd"

Zubereitungszeit: 40 Minuten

ZUTATEN FÜR 4 PORTIONEN:

- 4 Hähnchenbrusthälften (ohne Knochen und Haut)
- 2 TL Paprika
- 1 EL Olivenöl
- 300 g Karotten
- 250 g geschnittene frische Pilze
- 600 ml Hühnersuppe (fettarm, natriumreduziert)
- 3 TL getrockneter Estragon
- 1 EL Zitronensaft
- 3 kleine Zucchini (in dünne Scheiben geschnitten)

Nährwertangaben pro Portion
345 kcal
28 g Kohlenhydrate
35 g Eiweiß
11 g Fett

ZUBEREITUNG:

1. Würzen Sie die Hähnchenbrusthälften mit Paprika.
2. Erhitzen Sie Öl bei mittlerer Hitze in einem Dutch Oven.
3. Braten Sie das Fleisch, bis es leicht gebräunt ist, ungefähr 2 Minuten auf jeder Seite und nehmen es dann aus dem Dutch Oven.
4. Fügen Sie die Karotten und Pilze in dieselbe Pfanne hinzu und braten alles bedeckt weiter, bis die Karotten knusprig und zart sind, ca. 6 bis 8 Minuten unter gelegentlichem Rühren.
5. Vermischen Sie die Hühnersuppe, Estragon und Zitronensaft in einer kleinen Schüssel, bis eine Mischung entsteht und gießen diese über das Gemüse.
6. Geben Sie die Hähnchenbrusthälften wieder in den Dutch Oven und bringen sie zum Kochen.
7. Reduzieren Sie die Hitze auf niedrig und kochen das Fleisch bedeckt 8 Minuten lang.
8. Geben Sie dann noch die Zucchini dazu und kochen alles abgedeckt weiter, bis das Fleisch bei eingesetztem Thermometer 165 °C anzeigt und das Gemüse zart ist, etwa 6 bis 8 Minuten lang.

„Westafrikanischer Hühnereintopf"

Zubereitungszeit: 50 Minuten

ZUTATEN FÜR 4 PORTIONEN:

- 400 g Hähnchenbrust (ohne Knochen und Haut, in Würfel geschnitten)
- 1/2 TL Salz
- 1/4 TL Pfeffer
- 3 TL Rapsöl
- 1 mittelgroße Zwiebel, dünn geschnitten
- 4 gehackte Knoblauchzehen
- 2 EL gehackte frische Ingwerwurzel
- 400 g schwarzäugige Erbsen (gespült und abgetropft)
- 400 g zerkleinerte Tomaten
- 1 große Süßkartoffel (geschält und in Würfel geschnitten)
- 1 Tasse natriumreduzierte Hühnerbrühe
- 1/4 Tasse cremige Erdnussbutter
- 1 TL gehackter frischer Thymian
- 1/4 TL Cayennepfeffer
- Heiß gekochter brauner Reis, optional

Nährwertangaben pro Portion
275 kcal
32 g Kohlenhydrate
22 g Eiweiß
7 g Fett

ZUBEREITUNG:

1. Würzen Sie die Hähnchenbrust mit Salz und Pfeffer.
2. Kochen Sie das Fleisch in einem Dutch Oven bei mittlerer Hitze in 2 Teelöffeln Öl, ca 4 bis 6 Minuten lang oder bis es nicht mehr rosa ist.
3. Nehmen Sie das Fleisch aus der Pfanne und stellen es beiseite.
4. Braten Sie in derselben Pfanne die Zwiebel in restlichem Öl an, bis sie weich ist.
5. Fügen Sie dann den Knoblauch und Ingwer hinzu und kochen eine weitere Minute.
6. Rühren Sie danach die Erbsen, Tomaten, Süßkartoffel, Hühnerbrühe, Erdnussbutter, Thymian und Cayennepfeffer unter und bringen alles zum Kochen.
7. Reduzieren Sie die Hitze, decken den Dutch Oven ab und lassen alles 15 bis 20 Minuten köcheln oder bis die Süßkartoffel weich ist.
8. Geben Sie wieder die Hähnchenbrust hinzu und wärmen sie durch.
9. Sie können das Gericht auf Wunsch mit Reis servieren und dem restlichen Thymian bestreuen.

„Firehouse-Chili“

Zubereitungszeit: 110 Minuten

ZUTATEN FÜR 4 PORTIONEN:

- 2 EL Rapsöl
- Ca. 1,8 kg mageres Rinderhackfleisch (90 % mager)
- 2 mittelgroße Zwiebeln, gehackt
- 1 mittelgrüne Paprika, gehackt
- 450 g Kidneybohnen (gespült und abgetropft)
- 800 g gedünstete Tomaten (in Stücke geschnitten)
- 1 Dose Rinderbrühe
- 3 EL Chilipulver
- 2 EL gemahlener Koriander
- 2 EL gemahlener Kreuzkümmel
- 4 gehackte Knoblauchzehen
- 1 TL getrockneter Oregano

Nährwertangaben pro Portion
354 kcal
32 g Kohlenhydrate
31 g Eiweiß
12 g Fett

ZUBEREITUNG:

1. Erhitzen Sie das Rapsöl in einem Dutch Oven bei mittlerer Hitze.
2. Braten Sie das Hackfleisch leicht an, bis es nicht mehr rosa ist.
3. Stellen Sie es beiseite und lassen es abkühlen.
4. Fügen Sie Zwiebeln und den grünen Paprika hinzu.
5. Kochen Sie die Zutaten, bis sie zart werden.
6. Geben Sie das Fleisch in den Dutch Oven zurück und rühren die restlichen Zutaten ein.
7. Bringen Sie alle Zutaten wieder zum Kochen und reduzieren Sie die Hitze.
8. Decken Sie den Dutch Oven ab und kochen das Fleisch mit den Zutaten 60 bis 90 Minuten lang, bis sich die Aromen vermischen.

„Dutch Oven Pizza“

Zubereitungszeit: 30 Minuten

ZUTATEN FÜR 4 PORTIONEN:

- 500 g gefrorener Pizzateig, aufgetaut
- 1 EL Olivenöl
- 1 Tasse Marinarasoße
- 1 Tasse zerkleinerte italienische Käsemischung
- 250 g würzige Schweinewurst (gekocht und abgetropft)
- 1/3 Tasse gehackte Zwiebel
- 1/2 Tasse geschnittene frische Pilze
- Optional: Gehacktes frisches Basilikum, rote Pfefferflocken und geriebener Parmesan

Nährwertangaben pro Portion
385 kcal
39 g Kohlenhydrate
16 g Eiweiß
18 g Fett

ZUBEREITUNG:

1. Heizen Sie den Ofen auf 230 °C vor.
2. Stellen Sie einen 25 cm großen Dutch Oven auf den unteren Rost im Ofen, um ihn 2 bis 3 Minuten lang zu erhitzen.
3. Rollen Sie den Teig auf einer leicht bemehlten Oberfläche in einen 30 cm Kreis.
4. Falten Sie eine 45 cm Stück Folie der Länge nach in Drittel, sodass eine Schlinge entsteht.
5. Nehmen Sie die Pfanne aus dem Ofen.
6. Legen Sie den Teig auf die Schlinge und geben ihn vorsichtig in die Pfanne.
7. Bewegen Sie den Teig mit einem Holzlöffel an seinen Platz und an den Seiten nach oben und geben die Schlinge in die Pfanne.
8. Bestreichen Sie dann den Teig mit Öl und der Marinarasoße und belegen gleichmäßig mit Käse, Wurst, Zwiebeln und Pilzen.
9. Lassen Sie das Gericht 20 Minuten backen, bis die Kruste leicht gebräunt und knusprig ist und danach leicht abkühlen lassen.
10. Nehmen Sie die Pizza mit einer Schlinge aus dem Dutch Oven.
11. Sie können das Gericht noch nach Belieben mit Basilikum, Pfefferflocken und geriebenem Parmesan servieren.

„Buffalo Sloppy Joes“

Zubereitungszeit: 30 Minuten

ZUTATEN FÜR 4 PORTIONEN:

- Ca. 500 g extra magerer gemahlener Truthahn
- 1 Sellerie, gehackt
- 1 mittelgroße Zwiebel, gehackt
- 1 mittelgroße Karotte, gerieben
- 3 gehackte Knoblauchzehen
- 200 ml Tomatensoße
- 1/2 Tasse Hühnerbrühe
- 1/4 Tasse scharfe Soße nach Auswahl
- 1 EL brauner Zucker
- 1 EL Rotweinessig
- 1 EL Worcestershiresoße
- 1/4 TL Pfeffer
- 4 Hamburgerbrötchen
- Zerbröckelter Blauschimmelkäse, optional

Nährwertangaben pro Portion
279 kcal
30 g Kohlenhydrate
33 g Eiweiß
3 g Fett

ZUBEREITUNG:

1. Kochen Sie den Truthahn, Sellerie, Zwiebel, Karotte und die Knoblauchzehen in einem Dutch Oven bei mittlerer Hitze, bis der Truthahn nicht mehr rosa ist.
2. Rühren Sie danach die Tomatensoße, Hühnerbrühe, scharfe Soße, braunen Zucker, Essig, Worcestershiresoße und Pfeffer ein und wärmen alles durch.
3. Wenn alles fertig ist, nehmen Sie es vom Herd und servieren auf die Brötchen.
4. Wenn gewünscht, können Sie die Burger noch mit Käse belegen.

„Glasiertes Rindfleisch“

Zubereitungszeit: 200 Minuten

ZUTATEN FÜR 4 PORTIONEN:

- 1 Corned Rinderbrust mit Gewürzpaket (ca. 1,5 kg), geschnitten
- 1 mittelgroße Zwiebel (in Scheiben geschnitten)
- 1 Sellerie (in Scheiben geschnitten)
- 1/4 Tasse Butter, gewürfelt
- 1 Tasse brauner Zucker
- 1/3 Tasse Ketchup
- 1/3 Tasse Essig
- 2 EL Senf
- 2 TL Meerrettich

Nährwertangaben pro Portion
484 kcal
35 g Kohlenhydrate
22 g Eiweiß
29 g Fett

ZUBEREITUNG:

1. Geben Sie die Rinderbrust und den Inhalt des Gewürzpakets in einen Dutch Oven und bedecken das Fleisch mit Wasser.
2. Fügen Sie die Zwiebel und Sellerie hinzu und bringen sie zum Kochen.
3. Reduzieren Sie die Hitze, decken den Topf ab und lassen alles 2 bis 2 und 1/2 Stunden köcheln oder bis das Fleisch zart ist.
4. Lassen Sie das Gemüse abtropfen und werfen die Flüssigkeit weg.
5. Legen Sie das Fleisch auf einen gefetteten Rost in eine flache Bratpfanne und legen es beiseite.
6. Schmelzen Sie Butter bei mittlerer Hitze in einem kleinen Topf.
7. Rühren Sie dann die restlichen Zutaten ein und kochen und rühren sie, bis sich der Zucker aufgelöst hat.
8. Sie können damit das Rindfleisch bestreichen.
9. Backen Sie das Fleisch noch einmal unbedeckt 25 Minuten bei 190 °C.
10. Wichtig ist, dass Sie das Fleisch vor dem Schneiden 10 Minuten stehen lassen.

„Spaghetti mit Rinderhackfleisch“

Zubereitungszeit: 35 Minuten

ZUTATEN FÜR 4 PORTIONEN:

- 450 g mageres Rinderhackfleisch (90 % mager)
- 1-3/4 Tassen geschnittene frische Pilze
- 3 Tassen Tomatensaft
- 400 g gewürfelte Tomaten ohne Salzzusatz, abgetropft
- 250 ml Tomatensoße ohne Salzzusatz
- 1 EL getrocknete gehackte Zwiebel
- 1/2 TL Salz
- 1/2 TL Knoblauchpulver
- 1/2 TL gemahlener Senf
- 1/4 TL Pfeffer
- 1/8 TL gemahlener Piment
- 200 g Spaghetti (ungekocht und in Stücke gebrochen)
- Optional: frischer Mozzarella oder Parmesan

Nährwertangaben pro Portion
414 kcal
48 g Kohlenhydrate
33 g Eiweiß
10 g Fett

ZUBEREITUNG:

1. Kochen Sie das Rinderhackfleisch und die Pilze bei mittlerer Hitze in einem Dutch Oven, bis das Fleisch nicht mehr rosa ist und es in Streusel zerbricht.
2. Fügen Sie den Tomatensaft, Tomaten, Tomatensoße, Zwiebeln und Gewürze hinzu.
3. Bringen Sie alles zum Kochen und rühren auch die Spaghetti ein.
4. Kochen Sie die Spaghetti bedeckt 12 bis 15 Minuten lang oder bis sie weich sind.
5. Sie können das Gericht auf Wunsch mit Käse servieren.

„Tacos mit Rinderrippchen“

Zubereitungszeit: 190 Minuten

ZUTATEN FÜR 4 PORTIONEN:

- 2 EL Rapsöl
- 4 kurze Rinderrippchen
- 1/4 TL Salz
- 1/4 TL Pfeffer
- 2 mittelgroße Karotten, fein gehackt
- 1 kleine Zwiebel, fein gehackt
- 2 EL Kakao für Backen
- 250 ml Tomatensoße
- 1 Flasche dunkles Bier oder Rinderbrühe
- Wasser, optional
- 8 Maistortillas, erwärmt
- 1/2 Tasse Pico de Gallo
- 1/2 Tasse Queso-Fresko oder zerbröckelter Feta-Käse

Nährwertangaben pro Portion
508 kcal
32 g Kohlenhydrate
37 g Eiweiß
26 g Fett

ZUBEREITUNG:

1. Heizen Sie den Backofen auf 180 °C vor.
2. Erhitzen Sie Öl bei mittlerer bis hoher Hitze in einem Dutch Oven und würzen die Rinderrippchen mit Salz und Pfeffer.
3. Braten Sie die Rippchen leicht an, bis sie eine schöne gebräunte Farbe bekommen und entfernen sie dann mit einer Zange aus dem Dutch Oven.
4. Reduzieren Sie die Hitze auf mittel und fügen die Karotten und Zwiebel in den Dutch Oven hinzu und kochen sie unter häufigem Rühren 3 bis 5 Minuten lang, bis sie anfangen zu bräunen.
5. Geben Sie dann den Kakao hinzu, rösten die Zutaten unter häufigem Umrühren, 1 bis 2 Minuten lang.
6. Fügen Sie die Tomatensoße und das Bier hinzu und rühren alles um, um gebräunte Stücke aus der Pfanne zu lösen.
7. Bringen Sie alles zum Kochen und lassen es 2 bis 3 Minuten köcheln.
8. Geben Sie die Rinderrippchen wieder in die Pfanne und fügen bei Bedarf Wasser hinzu, um sie zu bedecken.
9. Geben Sie dann den Dutch Oven in den Ofen und und backen das Gericht bedeckt, bis das Fleisch zart ist, ca 150 Minuten.
10. Nehmen Sie die Rippchen aus dem Ofen und lassen sie abtropfen, während Sie die Säfte aufbewahren.
11. Wenn sie kühl genug sind, entfernen Sie die Rippchen aus der Pfanne und das Fleisch von den Knochen.
12. Werfen Sie die Knochen weg und zerkleinern das Fleisch mit 2 Gabeln.
13. Schöpfen Sie das Fett aus reservierten Säften ab und geben das Fleisch und Säfte in den Dutch Oven zurück und wärmen sie durch.
14. Servieren Sie die Rinderrippchen auf Tortillas mit Pico de Gallo und Queso-Fresko.

„Truthahn-Linguine in Tomaten-Sahne-Soße“

Zubereitungszeit: 30 Minuten

ZUTATEN FÜR 4 PORTIONEN:

- 350 g dick geschnittene Speckstreifen, gehackt
- 600 g gemahlener Truthahn
- 1 mittelgroße Zwiebel, gehackt
- 1 gehackte Knoblauchzehe
- 600 ml ungesalzene Hühnerbrühe
- 300 g gewürfelte Tomaten mit Basilikum, Oregano und Knoblauch
- 1/4 TL Salz
- 400 g ungekochte Linguine
- 50 g Frischkäse, gewürfelt
- 1/4 Tasse gehackte frische Petersilie

Nährwertangaben pro Portion
510 kcal
54 g Kohlenhydrate
32 g Eiweiß
18 g Fett

ZUBEREITUNG:

1. Braten Sie den Speck bei mittlerer Hitze in einem Dutch Oven knusprig und rühren ihn gelegentlich um.
2. Entfernen Sie ihn aus dem Topf mit einem geschlitzten Löffel und lassen ihn auf Papiertüchern abtropfen.
3. Kochen Sie den Truthahn mit Zwiebel und Knoblauch bei mittlerer Hitze in derselben Pfanne, bis er nicht mehr rosa ist, ca. 5 bis 7 Minuten lang.
4. Rühren Sie die Hühnerbrühe, Tomaten und Salz ein und bringen alles zum Kochen.
5. Fügen Sie dann die Linguine und Hälfte des Specks hinzu und bringen wieder alles zum Kochen.
6. Reduzieren Sie die Hitze und lassen die Zutaten bedeckt köcheln, bis die Linguine al dente ist, ca. 9 bis 10 Minuten lang.
7. Rühren Sie den Frischkäse ein, bis er geschmolzen ist und geben dann die Petersilie hinzu und lassen sie 5 Minuten stehen.
8. Sie können das fertige Gericht noch mit dem restlichen Speck bestreuen.

„Schweinerippchen mit Sauerkraut"

Zubereitungszeit: 105 Minuten

ZUTATEN FÜR 4 PORTIONEN:

- Ca. 1 kg knochenförmige Schweinerippchen im Landhausstil
- 1 mittelgroße Zwiebel, gehackt
- 1 EL Rapsöl
- 500 g Sauerkraut (nicht entwässert)
- 1 Tasse ungesüßter Apfelmus
- 2 EL brauner Zucker
- 2 TL Kümmel
- 1 TL Knoblauchpulver
- 1/2 TL Pfeffer

Nährwertangaben pro Portion
477 kcal
23 g Kohlenhydrate
41 g Eiweiß
24 g Fett

ZUBEREITUNG:

1. Braten Sie die Schweinerippchen und Zwiebel in einem Dutch Oven in Öl an, bis die Rippchen gebräunt sind und die Zwiebel zart ist.
2. Nehmen Sie dann den Dutch Oven vom Herd und mischen die restlichen Zutaten zusammen und gießen diese über die Rippchen.
3. Decken Sie den Topf ab, geben ihn in den Ofen und backen bei 190 °C eine Stunde bis 90 Minuten, bis die Schweinerippchen weich sind.
4. Servieren Sie das Gericht mit Sauerkraut.

„Jambalaya“

Zubereitungszeit: 40 Minuten

ZUTATEN FÜR 4 PORTIONEN:

- 250 g Jambalaya-Mix
- 400 g heißgeräucherte Wurst (in Scheiben geschnitten)
- 1 Tasse ungekochte Garnelen (16 bis 20 Stück, geschält und in Stücke geschnitten)
- 3 Frühlingszwiebeln (in dünne Scheiben geschnitten)
- 1/2 Tasse geriebener Cheddar-Käse
- 1/2 Tasse Pico de Gallo

Nährwertangaben pro Portion
601 kcal
48 g Kohlenhydrate
28 g Eiweiß
32 g Fett

ZUBEREITUNG:

1. Heizen Sie den Dutch Oven auf 190 °C vor.
2. Bereiten Sie den Jambalaya-Mix gemäß den Anweisungen auf der Packung vor und fügen Sie während der letzten 5 Minuten des Kochens die Wurst und Garnelen hinzu.
3. Nehmen Sie den Dutch Oven vom Herd und rühren dann den Käse, Pico de Gallo und die Frühlingszwiebeln ein und wärmen alles durch.
4. Sie können das Gericht auf Wunsch mit zusätzlichem Käse servieren.

„Vegetarische Jambalaya“

Zubereitungszeit: 40 Minuten

ZUTATEN FÜR 4 PORTIONEN:

- 1 EL Rapsöl
- 1 mittelgrüne Paprika, gehackt
- 1 mittelgroße Zwiebel, gehackt
- 1 Sellerie, gehackt
- 3 gehackte Knoblauchzehen
- 2 Tassen Wasser
- 300 g gewürfelte Tomaten
- 150 ml Tomatensoße
- 1/2 TL italienisches Gewürz
- 1/4 TL Salz
- 1/4 TL zerkleinerte rote Pfefferflocken
- 1/8 TL Fenchelsamen, zerkleinert
- 1 Tasse ungekochter Langkornreis
- 300 g Butterbohnen (gespült und abgetropft)
- 300 g rote Bohnen (gespült und abgetropft)

Nährwertangaben pro Portion
281 kcal
56 g Kohlenhydrate
11 g Eiweiß
3 g Fett

ZUBEREITUNG:

1. Erhitzen Sie Öl bei mittlerer bis hoher Hitze in einem Dutch Oven.
2. Fügen Sie die grüne Paprika, Zwiebel und den Sellerie hinzu und kochen alles unter ständigem Rühren, bis alle Zutaten weich sind.
3. Fügen Sie dann noch den Knoblauch hinzu und kochen eine weitere Minute.
4. Geben Sie Wasser, die Tomaten, Tomatensoße und die restlichen Gewürze in den Dutch Oven und bringen alles zum Kochen.
5. Letztendlich können Sie den Reis einrühren.
6. Reduzieren Sie die Hitze, decken den Topf ab und lassen das Gericht 15 bis 18 Minuten köcheln oder bis die Flüssigkeit absorbiert und der Reis zart ist.
7. Als Letztes können Sie die roten Bohnen und Butterbohnen einrühren und alles noch einmal durchwärmen.

„Kohlwurst Abendessen“

Zubereitungszeit: 50 Minuten

ZUTATEN FÜR 4 PORTIONEN:

- 500 g geräucherte Wurst (halbiert und in Scheiben geschnitten)
- 1 große Zwiebel (in Achtel geschnitten)
- 1 mittelgroßer Kohl, gehackt
- 1/2 Tasse Wasser
- 200 g Karotten (in Scheiben geschnitten)
- 3 mittelgroße Kartoffeln (geschält und in Würfel geschnitten)

Nährwertangaben pro Portion
190 kcal
28 g Kohlenhydrate
13 g Eiweiß
4 g Fett

ZUBEREITUNG:

1. Kochen Sie die Wurst und Zwiebel bei mittlerer Hitze in einem Dutch Oven, bis die Wurst leicht gebräunt und die Zwiebel zart ist.
2. Fügen Sie den Kohl und das Wasser hinzu, decken den Topf ab und kochen 10 Minuten auf niedriger Hitze.
3. Rühren Sie die Karotten und Kartoffeln ein, decken alles wieder ab und kochen weitere 25 bis 30 Minuten lang oder bis das Gemüse weich ist.

„Garnelennudeln“

Zubereitungszeit: 25 Minuten

ZUTATEN FÜR 4 PORTIONEN:

- 3 Tassen ungekochte Fliegennudeln
- 2 Tassen gefrorene Erbsen
- 500 g mittelgroße Garnelen (geschält, gekocht und von den Schwänzen entfernt)
- 1 Glas Soße nach Wunsch
- 1/4 Tasse geriebener Parmesan

Nährwertangaben pro Portion
545 kcal
60 g Kohlenhydrate
41 g Eiweiß
16 g Fett

ZUBEREITUNG:

1. Kochen Sie die Nudeln in einem Dutch Oven gemäß den Anweisungen auf der Packung und fügen während der letzten 3 Minuten des Kochens Erbsen hinzu.
2. Lassen Sie die Nudeln abtropfen und geben diese zurück in die Pfanne.
3. Rühren Sie dann die Garnelen und Soße ein und erhitzen sie bei mittlerer Hitze unter gelegentlichem Rühren.
4. Sie können das fertige Gericht mit Käse bestreuen.

„Gegrillte Chorizo-Garnelen-Paella“

Zubereitungszeit: 35 Minuten

ZUTATEN FÜR 4 PORTIONEN:

- 1 mittlere süße rote Paprika, gehackt
- 1 mittelgroße Zwiebel, gehackt
- 2 EL Olivenöl
- 4 Tassen Instant brauner Reis
- 4 gehackte Knoblauchzehen
- 1 Chipotle-Paprika in Adobosoße, gehackt
- 6 Tassen natriumreduzierte Hühnerbrühe
- 400 g gewürfelte Tomaten ohne Salzzusatz
- 1 TL Safranfäden oder 4 TL gemahlene Kurkuma
- 500 g ungekochte mittelgroße Garnelen (geschält und gereinigt)
- 350 g vollständig gekochte Chorizo-Hühnerwurst
- 1 mittelgroße Mango, grob gehackt
- 2 EL Limettensaft
- 1/4 TL Cayennepfeffer
- 1 mittelgroße Limette (in Stücke geschnitten)
- 2 EL gehackter frischer Koriander

Nährwertangaben pro Portion
388 kcal
55 g Kohlenhydrate
24 g Eiweiß
9 g Fett

ZUBEREITUNG:

1. Braten Sie die Paprika und Zwiebeln in Öl in einem Dutch Oven an, bis sie weich sind.
2. Fügen Sie den Reis, Knoblauch und den Chipotle-Paprika hinzu.
3. Braten Sie alles 2 Minuten lang an.
4. Geben Sie die Hühnerbrühe, Tomaten und Safran hinzu und bringen alles zum Kochen.
5. Reduzieren Sie dann die Hitze, decken den Topf ab und lassen alles 5 Minuten köcheln oder bis die Flüssigkeit absorbiert ist.
6. Stellen Sie alles auf Seite und lassen es 5 Minuten stehen.
7. Vermischen Sie in der Zwischenzeit die Garnelen, Hühnerwurst und Mango in einer Schüssel und gießen den Limettensaft und Cayennepfeffer über.
8. Geben Sie danach alles in einen Grillwok und grillen bedeckt bei mittlerer Hitze 5 bis 8 Minuten lang oder bis die Garnelen rosa werden, gelegentlich umrühren.
9. Geben Sie die Garnelenmischung in den Dutch Oven und garnieren das Gericht mit Limettenstücken und Koriander.

„Hummerbiskuit“

Zubereitungszeit: 105 Minuten

ZUTATEN FÜR 4 PORTIONEN:

- 2 lebende Hummer (jeweils ca. 450 g)
- 2 mittelgroße Karotten (geschält und gehackt)
- 1 mittelgroße Zwiebel, gehackt
- 3 EL Butter
- 2 EL Tomatenmark
- 2 gehackte Knoblauchzehen
- 3/4 Tasse Weißwein
- 900 ml Meeresfrüchtebrühe
- 2/3 Tasse ungekochter Langkornreis
- 2 Tassen Schlagsahne
- 1 TL gehackter frischer Thymian
- 1-1/2 TL Salz
- 1 TL grob gemahlener Pfeffer
- Gehackte frische Petersilie, optional

Nährwertangaben pro Portion
373 kcal
20 g Kohlenhydrate
10 g Eiweiß
26 g Fett

ZUBEREITUNG:

1. Fügen Sie in einem Dutch Oven 60 ml Wasser hinzu und bringen es zum Kochen.
2. Fügen Sie den Hummer hinzu, decken den Topf ab und lassen es 8 Minuten dämpfen.
3. Entfernen Sie jetzt den Hummer und bewahren die Flüssigkeit auf.
4. Wenn er kühl genug ist, entfernen Sie den Hummer von den Krallen und dem Schwanz und bewahren alle Säfte im Kühlschrank auf.
5. Kochen Sie im gleichen Dutch Oven die Karotten und Zwiebel in Butter bei mittlerer Hitze 5 bis 8 Minuten lang, bis sie weich sind.
6. Rühren Sie das Tomatenmark ein und kochen weitere 5 Minuten, bis es zu karamellisieren beginnt.
7. Fügen Sie den Knoblauch hinzu und lassen eine weitere Minute kochen.
8. Rühren Sie dann den Wein bis zur Hälfte ein und lassen alles weiter köcheln.
9. Geben Sie Hummerschalen, Kochflüssigkeit, Hummersäfte und die Meeresfrüchtebrühe hinzu.
10. Bringen Sie die Mischung zum Kochen und lassen sie eine Stunde lang köcheln.
11. Seihen Sie die Mischung ab und drücken sie, um so viel Flüssigkeit wie möglich zu extrahieren.
12. Werfen Sie die Schalen und Feststoffe weg.

„Reis-Pilaw mit Cashewnüssen“

Zubereitungszeit: 40 Minuten

ZUTATEN FÜR 4 PORTIONEN:

- 1-1/2 Tassen ungekochter Langkornreis
- 1 Tasse gehackte Zwiebeln
- 1 Tasse Karottenwürfel
- 1 Tasse goldene Rosinen
- 1/4 Tasse Butter, gewürfelt
- 3 Tassen Hühnerbrühe
- 1 TL Zwiebelsalz
- 2 Tassen gefrorene Erbsen
- 1-1/2 Tassen gekochter Wildreis
- 1 Tasse gesalzene Cashewnüsse
- 1/4 Tasse dünn geschnittene Frühlingszwiebeln, optional

Nährwertangaben pro Portion
287 kcal
41 g Kohlenhydrate
7 g Eiweiß
11 g Fett

ZUBEREITUNG:

1. Kochen Sie den langkörnigen Reis, die Zwiebel, Karotten und Rosinen in Butter in einem Dutch Oven an, bis die Zwiebel weich ist.
2. Fügen Sie die Hühnerbrühe und das Zwiebelsalz hinzu und bringen die Zutaten zum Kochen.
3. Reduzieren Sie dann die Hitze, decken den Topf ab und lassen alles leicht köcheln, bis die Flüssigkeit absorbiert und der Reis zart ist, etwa 20 Minuten lang.
4. Rühren Sie die Erbsen, Wildreis und Cashewnüsse ein und heizen alles durch.
5. Wenn gewünscht, können Sie das Gericht mit Frühlingszwiebeln servieren.

„Kokosnusslinsen mit Reis“

Zubereitungszeit: 55 Minuten

ZUTATEN FÜR 4 PORTIONEN:

- 1 EL Rapsöl
- 4 Frühlingszwiebeln, gehackt
- 1 EL gehackte frische Ingwerwurzel
- 2 gehackte Knoblauchzehen
- 1/4 TL zerkleinerte rote Pfefferflocken
- 1 Tasse getrocknete Linsen, gespült
- 1 TL gemahlene Kurkuma
- 1/2 TL Salz
- 5 Tassen Gemüsebrühe
- 2 große Tomaten, gehackt
- 1/2 Tasse Kokosflocken
- 2 EL gehackte frische Minze
- 2 Tassen heißer gekochter Reis
- 1/3 Tasse normaler griechischer Joghurt

Nährwertangaben pro Portion
374 kcal
63 g Kohlenhydrate
16 g Eiweiß
7 g Fett

ZUBEREITUNG:

1. Erhitzen Sie Öl bei mittlerer Hitze in einem Dutch Oven.
2. Braten Sie die Frühlingszwiebeln, Ingwer, Knoblauch und Pfefferflocken an, bis die Zwiebeln weich sind, ca. 2 bis 4 Minuten lang.
3. Rühren Sie dann die Linsen, Kurkuma, Salz und Gemüsebrühe ein und bringen alles zum Kochen.
4. Reduzieren Sie die Hitze und lassen alles abgedeckt köcheln, bis die Linsen weich sind.
5. Rühren Sie alles gelegentlich um und lassen 25 bis 30 Minuten kochen.
6. Rühren Sie noch die Tomaten, Kokosnuss und Minze ein.
7. Sie können das Gericht mit Reis und griechischem Joghurt servieren.

„Risotto mit gewürzten Birnen“

Zubereitungszeit: 50 Minuten

ZUTATEN FÜR 4 PORTIONEN:

- 4 Tassen Hühnerbrühe
- 1/2 Tasse süße Zwiebel (fein gehackt)
- 1/2 Tasse süße rote Paprika (fein gehackt)
- 1 Knoblauchzehe, gehackt
- 3 EL Butter
- 2 Tassen ungekochter Reis
- 1/2 TL chinesisches Fünf-Gewürz-Pulver
- Cayennepfeffer
- 1/4 Tasse Apfelwein oder Saft
- 1 große Birne (geschält und gehackt)
- 1/2 Tasse geriebener Parmesan
- 1/2 TL grob gemahlener Pfeffer
- Gehackter Schnittlauch, optional

Nährwertangaben pro Portion
293 kcal
54 g Kohlenhydrate
6 g Eiweiß
5 g Fett

ZUBEREITUNG:

1. Erhitzen Sie die Hühnerbrühe in einem großen Topf und halten sie warm.
2. Braten Sie dann die Zwiebel, rote Paprika und den Knoblauch in Butter in einem Dutch Oven ca. 3 Minuten lang an, bis sie weich sind.
3. Fügen Sie den Reis, das Fünf-Gewürz-Pulver und den Cayennepfeffer hinzu und kochen alles 2 bis 3 Minuten lang unter ständigem Rühren.
4. Reduzieren Sie die Hitze auf Mittel und fügen den Apfelwein bzw. Saft hinzu.
5. Kochen Sie die Zutaten und rühren sie, bis die gesamte Flüssigkeit absorbiert ist.
6. Fügen Sie danach die warme Hühnerbrühe hinzu, 1/2 Tasse auf einmal unter ständigem Rühren.
7. Lassen Sie die Flüssigkeit immer wieder erneut absorbieren.
8. Kochen Sie das Gericht nur so lange, bis das Risotto cremig und der Reis fast zart ist. Die Gärzeit sollte ca. 25 Minuten betragen.
9. Fügen Sie als Letztes die Birne, 1/4 Tasse Käse und Pfeffer hinzu und kochen alles unter ständigem Rühren, bis es durchgeheizt ist.
10. Bestreuen Sie das Gericht mit dem restlichen Käse. Falls gewünscht, können Sie noch gehackten Schnittlauch dazugeben.

„Cheesy Bacon & Eier“

Zubereitungszeit: 65 Minuten

ZUTATEN FÜR 4 PORTIONEN:

- 500 g Speckstreifen, gehackt
- 500 g gekühlte Kartoffeln mit Rösti
- 4 große Eier
- 1/2 Tasse Sahne
- 1/2 bis 1 TL Paprikasoße, optional
- 2 Tassen geriebener Cheddar -Käse

Nährwertangaben pro Portion
393 kcal
17 g Kohlenhydrate
21 g Eiweiß
25 g Fett

ZUBEREITUNG:

1. Bereiten Sie das Lagerfeuer oder den Grill mit 32 bis 36 Holzkohlebriketts oder großen Holzspänen für mittlere bis hohe Hitze vor.
2. Braten Sie in einem Dutch Oven am Lagerfeuer den Speck knusprig mit gelegentlichem Umrühren.
3. Entfernen Sie den Speck mit einem geschlitzten Löffel und lassen ihn auf Papiertüchern abtropfen.
4. Werfen Sie das Öl weg, aber bewahren 2 Esslöffel in dem Topf auf.
5. Drücken Sie die Kartoffeln vorsichtig auf den Boden und Seiten des Dutch Ovens.
6. Verquirlen Sie in einer kleinen Schüssel Eier, Sahne und, falls gewünscht, Paprikasoße, bis eine Mischung entsteht.
7. Gießen Sie diese über die Kartoffeln und bestreuen mit dem gebratenen Speck und Käse und decken den Dutch Oven ab.
8. Wenn die Briketts oder Holzspäne mit weißer Asche bedeckt sind, stellen Sie den Dutch Oven direkt auf 16 bis 18 Briketts.
9. Legen Sie mit einer langstieligen Zange 16 bis 18 Briketts auf den Topfdeckel.
10. Lassen Sie alles 20 bis 25 Minuten kochen oder bis die Eier vollständig fest sind und der Käse geschmolzen ist.
11. Verwenden Sie zur Überprüfung des Gärraums eine Zange, um die Abdeckung vorsichtig anzuheben.
12. Bei Bedarf können Sie es noch 5 Minuten länger kochen.

Desserts

„Schokoladenkuchen“

Zubereitungszeit: 40 Minuten

ZUTATEN FÜR 4 PORTIONEN:

- 1 Dose Kirschkuchenfüllung
- 1 Dose Kondensmilch
- 1 Packung Schokoladenkuchenmischung
- 1/3 Tasse geschnittene Mandeln
- 3/4 Tasse Butter, geschmolzen
- Vanilleeis, optional

Nährwertangaben pro Portion
515 kcal
68 g Kohlenhydrate
7 g Eiweiß
24 g Fett

ZUBEREITUNG:

1. Heizen Sie den Dutch Oven auf 190 °C vor und sprühen ihn leicht mit Kochspray ein.
2. Kombinieren Sie die Kirschkuchenfüllung und Kondensmilch.
3. Verteilen Sie die Füllmischung auf dem Boden des Dutch Ovens und bestreuen ihn mit der Schokoladenkuchenmischung (unvorbereitet) und Mandeln.
4. Geben Sie dann die Butter hinzu und backen alles bedeckt, bis der Kuchen bei Berührung zurückspringt, ca. 35 bis 40 Minuten lang.
5. Sie können das Dessert auf Wunsch mit Eis servieren.

„Pfirsich-Streusel-Dessert“

Zubereitungszeit: 50 Minuten

ZUTATEN FÜR 4 PORTIONEN:

- 4 Tassen geschnittene geschälte reife Pfirsiche
- 1/4 Tasse verpackter brauner Zucker
- 2 EL Allzweckmehl
- 1 TL Zitronensaft
- 1/2 TL geriebene Zitronenschale
- 1/2 TL gemahlener Zimt

Topping:

- 1 Tasse Allzweckmehl
- 1 Tasse Zucker
- 1 TL Backpulver
- 1/4 TL Salz
- 1/4 TL gemahlene Muskatnuss
- 1 großes Ei (Raumtemperatur, leicht geschlagen)
- 1/2 Tasse Butter (geschmolzen und abgekühlt)
- Vanilleeis, optional

Nährwertangaben pro Portion
237 kcal
40 g Kohlenhydrate
2 g Eiweiß
8 g Fett

ZUBEREITUNG:

1. Heizen Sie den Dutch Oven auf 190 °C vor.
2. Legen Sie die Pfirsiche in eine gefettete Fläche im Dutch Oven.
3. Vermischen Sie den braunen Zucker, Mehl, Zitronensaft, Zitronenschale und Zimt in einer kleinen Schüssel und streuen die Mischung über die Pfirsiche.
4. Mischen Sie das Mehl, Zucker, Backpulver, Salz und Muskatnuss zusammen.
5. Rühren Sie dann das Ei ein, bis die Mischung groben Krümeln ähnelt.
6. Streuen Sie die Mischung über die Pfirsiche.
7. Gießen Sie Butter gleichmäßig über das Topping.
8. Backen Sie das Gericht 35 bis 40 Minuten lang und servieren es auf Wunsch mit Eis.

„Kirsch-Dessert“

Zubereitungszeit: 45 Minuten

ZUTATEN FÜR 4 PORTIONEN:

- 500 g entkernte säuerliche rote Kirschen, nicht entwässert
- 1-1/2 Tasse Wasser
- 3/4 Tasse Zucker, geteilt
- 1/4 Tasse Butter, geteilt
- 1 Tasse Allzweckmehl
- 1-1/2 TL Backpulver
- Prise Salz
- 1/3 Tasse 2 % Milch
- 1/2 TL Vanilleextrakt

Nährwertangaben pro Portion
183 kcal
34 g Kohlenhydrate
2 g Eiweiß
5 g Fett

ZUBEREITUNG:

1. Geben Sie die Kirschen und Saft zusammen mit Wasser, 1/2 Tasse Zucker und 2 Esslöffel Butter in eine gerade Pfanne oder einen Dutch Oven und lassen Sie die Zutaten 5 Minuten köcheln.
2. Sieben Sie in der Zwischenzeit Mehl, Backpulver, Salz und den restlichen Zucker zusammen und geben alles in eine Schüssel.
3. Vermischen Sie die restliche Butter mit einem Mixer.
4. Fügen Sie Milch und Vanille hinzu, rühren die Zutaten so, dass sie sich miteinander kombinieren.
5. Geben Sie die Mischung mit einem Esslöffel über die Kirschmischung, decken den Dutch Oven ab und lassen alles 20 Minuten köcheln, bis die Knödel gar sind.
6. Servieren Sie das Dessert optional mit Eis.

„Brombeerknödel“

Zubereitungszeit: 40 Minuten

ZUTATEN FÜR 4 PORTIONEN:

- frische oder gefrorene Brombeeren (lose verpackt)
- 1 Tasse Zucker
- 3/4 TL Salz
- 1/2 TL Zitronenextrakt
- 1-1/2 Tassen Allzweckmehl
- 2 TL Backpulver
- 1/4 TL gemahlene Muskatnuss
- 2/3 Tasse 2 % Milch
- Optional: Schlagsahne

Nährwertangaben pro Portion
240 kcal
55 g Kohlenhydrate
4 g Eiweiß
1 g Fett

ZUBEREITUNG:

1. Kombinieren Sie die Brombeeren, 1 Tasse Zucker, 1/4 Teelöffel Salz und Zitronenextrakt in einem Dutch Oven und bringen die Zutaten zum Kochen.
2. Reduzieren Sie die Hitze und lassen alles 5 Minuten köcheln.
3. Vermischen Sie in der Zwischenzeit das Mehl, Backpulver, Muskatnuss und den restlichen Zucker und Salz in einer Schüssel.
4. Fügen Sie Milch hinzu, rühren die Zutaten, bis sie vermischt sind. Der Teig sollte ziemlich dick werden.
5. Lassen Sie den Teig dann mit einem Esslöffel in 6 kleine Hügel auf die heiße Brombeermischung fallen.
6. Decken Sie alles dicht ab und lassen 15 Minuten köcheln oder bis ein in einen Knödel eingesetzter Zahnstocher sauber herauskommt.
7. Servieren Sie die Knödel in kleinen Schalen auf Wunsch mit Schlagsahne.

„Apfel-Cobbler“

Zubereitungszeit: 65 Minuten

ZUTATEN FÜR 4 PORTIONEN:

- 4 große Äpfel (geschält und in Scheiben geschnitten)
- 1/2 Tasse Zucker
- 1/2 TL gemahlener Zimt
- 2 Tassen Allzweckmehl
- 1/2 Tasse verpackter brauner Zucker
- 1 TL Backpulver
- 1/2 TL Salz
- 2 große Eier (Raumtemperatur, leicht geschlagen)
- 1/3 Tasse Butter, geschmolzen
- Vanilleeis, optional

Nährwertangaben pro Portion
531 kcal
93 g Kohlenhydrate
5 g Eiweiß
17 g Fett

ZUBEREITUNG:

1. Heizen Sie den Dutch Oven auf 190 °C vor.
2. Geben Sie die geschälten Äpfel, 3/4 Tasse Zucker und 1/2 Teelöffel Zimt in den Topf und verquirlen in der Zwischenzeit Mehl, braunen Zucker, die restlichen 1/4 Tasse Zucker, Backpulver, Salz und den restlichen 1/4 Teelöffel Zimt in einer Schüssel.
3. Rühren Sie dann die Eier ein, sodass die Mischung klumpig wird.
4. Geben Sie die Mischung mit einem Löffel über die Äpfel und dann die Butter über den Teig (nicht umrühren).
5. Decken Sie alles ab und backen es, bis das Dessert leicht gebräunt ist und die Äpfel zart sind, ca. 45 bis 50 Minuten lang.
6. Sie können das Dessert auf Wunsch warm mit Eis servieren.

„Hot-Spiced Cider“

Zubereitungszeit: 20 Minuten

ZUTATEN FÜR 4 PORTIONEN:

- 1 L Apfelwein oder Apfelsaft
- 1 Tasse Orangensaft
- 1/4 Tasse Ahornsirup
- 1/2 TL Orangenextrakt
- 1/2 TL Zitronenextrakt
- 4 Zimtstangen
- 2 TL ganze Nelken
- 1 TL ganzer Piment

Nährwertangaben pro Portion
113 kcal
28 g Kohlenhydrate
1 g Eiweiß
1 g Fett

ZUBEREITUNG:

1. Geben Sie den Apfelwein bzw. Apfelsaft, Orangensaft, Ahornsirup, Orangenextrakt und den Zitronenextrakt in den Dutch Oven und vermischen die Zutaten gut.
2. Legen Sie die Zimtstangen, Nelken und Piment auf ein doppelt dickes Käsetuch.
3. Bringen Sie die Stoffecken hoch und binden sie mit einer Schnur zu einer Tasche zusammen und geben diese in den Dutch Oven.
4. Lassen Sie die Zutaten unbedeckt bei mittlerer Hitze 10 bis 15 Minuten kochen oder bis die Aromen vermischt sind.
5. Werfen Sie noch die Gewürzbeutel weg und genießen den gekühlten Cider.

„Erdbeer-Basilikum-Marmelade“

Zubereitungszeit: 35 Minuten

ZUTATEN FÜR 9 MARMELADENGLÄSER:

- 5 Tassen zerkleinerte Erdbeeren (ca. 1,3 kg)
- 1 Teelöffel Butter
- 80 g Fruchtpektin-Pulver
- 7 Tassen Zucker
- 1/2 Tasse gehacktes frisches Basilikum

Nährwertangaben pro Portion
81 kcal
21 g Kohlenhydrate
1 g Eiweiß
1 g Fett

ZUBEREITUNG:

1. Vermischen Sie in einem Dutch Oven die Erdbeeren und Butter und rühren das Fruchtpektin-Pulver ein.
2. Bringen Sie die Zutaten unter ständigem Rühren bei starker Hitze zum Kochen.
3. Rühren Sie dann den Zucker ein und kehren zu einem vollen Rollkochen zurück.
4. Kochen Sie die Erdbeeren eine weitere Minute unter ständigem Rühren und geben dann noch das Basilikum dazu.
5. Nehmen Sie den Dutch Oven vom Herd und schöpfen den Schaum ab.
6. Füllen Sie die heiße Mischung in 9 heiße Marmeladengläser und lassen ¼ des Glases leer.
7. Entfernen Sie Luftblasen und passen Sie den leeren Raum bei Bedarf durch Zugabe der heißen Mischung an.
8. Wischen Sie den Rest ab und geben einen Deckel auf die Gläser und schrauben sie zusätzlich mit Bändern bis zur Fingerspitze fest.
9. Stellen Sie die Gläser mit siedendem Wasser in einen Kochtopf und achten Sie darauf, dass sie vollständig mit Wasser bedeckt sind.
10. Bringen Sie die Gläser noch einmal zum Kochen und lassen sie 10 Minuten lang im heißen Wasser.
11. Nehmen Sie die Gläser heraus und lassen sie abkühlen.

„Kumquats-Marmalade“

Zubereitungszeit: 60 Minuten

ZUTATEN FÜR 7 MARMELADENGLÄSER:

- 800 g Kumquats
- 1 Tasse Wasser
- 80 g Fruchtpektin-Pulver
- 6-1/2 Tassen Zucker

Nährwertangaben pro Portion
90 kcal
21 g Kohlenhydrate
1 g Eiweiß
1 g Fett

ZUBEREITUNG:

1. Spülen Sie die Kumquats gründlich ab, halbieren sie und entkernen.
2. Geben Sie sie in eine Küchenmaschine und verarbeiten sie, bis sie grob gehackt sind.
3. Geben Sie dann die Kumquats mit Wasser in einen Dutch Oven und rühren das Fruchtpektin-Pulver ein.
4. Bringen Sie die Zutaten unter ständigem Rühren bei starker Hitze zum Kochen.
5. Rühren Sie dann den Zucker ein und kehren zu einem vollen Rollkochen zurück.
6. Kochen Sie die Kumquats eine weitere Minute unter ständigem Rühren.
7. Nehmen Sie den Dutch Oven vom Herd und schöpfen den Schaum ab.
8. Füllen Sie die heiße Mischung in 7 heiße Marmeladengläser und lassen ¼ des Glases leer.
9. Entfernen Sie Luftblasen und passen Sie den leeren Raum bei Bedarf durch Zugabe der heißen Mischung an.
10. Wischen Sie den Rest ab und geben einen Deckel auf die Gläser und schrauben sie zusätzlich mit Bändern bis zur Fingerspitze fest.
11. Stellen Sie die Gläser mit siedendem Wasser in einen Kochtopf und achten Sie darauf, dass sie vollständig mit Wasser bedeckt sind.
12. Bringen Sie die Gläser noch einmal zum Kochen und lassen sie 10 Minuten lang im heißen Wasser.
13. Nehmen Sie die Gläser heraus und lassen sie abkühlen.

„Ananas-Rhabarber-Marmelade“

Zubereitungszeit: 45 Minuten

ZUTATEN FÜR 7 MARMELADENGLÄSER:

- 5 Tassen Rhabarber (frisch oder gefrorenen, in Scheiben geschnitten)
- 5 Tassen Zucker
- 600 g Ananas (ungesüßt und zerkleinert)
- 1/4 Tasse Wasser
- 150 g Erdbeergelatine

Nährwertangaben pro Portion
90 kcal
21 g Kohlenhydrate
1 g Eiweiß
1 g Fett

ZUBEREITUNG:

1. Vermischen Sie den Rhabarber, Zucker, Ananas und Wasser in einem Dutch Oven und bringen alles zum Kochen.
2. Reduzieren Sie die Hitze, lassen die Zutaten unbedeckt 18 bis 22 Minuten köcheln oder bis der Rhabarber abgebaut ist.
3. Rühren Sie die Zutaten gelegentlich um und fügen die Erdbeergelatine hinzu.
4. Kochen Sie alles weiter und rühren es gelegentlich um, bis sich die Gelatine aufgelöst hat.
5. Nehmen Sie den Dutch Oven vom Herd und schöpfen den Schaum ab.
6. Füllen Sie die heiße Mischung in 7 heiße Marmeladengläser und lassen ¼ des Glases leer.
7. Entfernen Sie Luftblasen und passen Sie den leeren Raum bei Bedarf durch Zugabe der heißen Mischung an.
8. Wischen Sie den Rest ab und geben einen Deckel auf die Gläser und schrauben sie zusätzlich mit Bändern bis zur Fingerspitze fest.
9. Stellen Sie die Gläser mit siedendem Wasser in einen Kochtopf und achten Sie darauf, dass sie vollständig mit Wasser bedeckt sind.
10. Bringen Sie die Gläser noch einmal zum Kochen und lassen sie 10 Minuten lang im heißen Wasser.
11. Nehmen Sie die Gläser heraus und lassen sie abkühlen.

„Blaubeermarmelade“

Zubereitungszeit: 40 Minuten

ZUTATEN FÜR 8 MARMELADENGLÄSER:

- 8 Tassen frische Blaubeeren
- 2 EL Zitronensaft
- 80 g Fruchtpektin-Pulver
- 7 Tassen Zucker

Nährwertangaben pro Portion
95 kcal
25 g Kohlenhydrate
1 g Eiweiß
1 g Fett

ZUBEREITUNG:

1. Pürieren Sie die Blaubeeren und geben sie zusammen mit dem Zitronensaft in einen Dutch Oven.
2. Rühren Sie das Fruchtpektin-Pulver ein und bringen die Blaubeeren bei starker Hitze unter ständigem Rühren zum Kochen.
3. Fügen Sie dann den Zucker hinzu und kehren zu einem vollen Rollkochen zurück.
4. Lassen Sie alles unter ständigem Rühren eine weitere Minute kochen.
5. Nehmen Sie den Dutch Oven vom Herd und schöpfen den Schaum ab.
6. Füllen Sie die heiße Mischung in die Behälter und lassen sie ca. 1 Stunde auf Raumtemperatur abkühlen.
7. Decken Sie die Marmeladengläser ab und lassen sie über Nacht stehen, jedoch nicht länger als 24 Stunden.
8. Sie können die Marmelade bis zu 3 Wochen im Kühlschrank lagern oder bis zu 12 Monate einfrieren.

Haftungsausschluss

Dieses Buch enthält Meinungen und Ideen des Autors / der Autorin und hat die Absicht, Menschen hilfreiches und informatives Wissen zu vermitteln. Die enthaltenen Strategien passen möglicherweise nicht zu jedem Leser, und es gibt keine Garantie dafür, dass sie auch wirklich bei jedem funktionieren. Die Benutzung dieses Buchs und die Umsetzung der darin enthaltenden Informationen erfolgt ausdrücklich auf eigenes Risiko. Haftungsansprüche gegen den Autor für Schäden materieller oder ideeller Art, die durch die Nutzung oder Nichtnutzung der Informationen bzw. durch die Nutzung fehlerhafter und/oder unvollständiger Informationen verursacht wurden, sind ausdrücklich ausgeschlossen. Das Werk, inklusive aller Inhalte, gewährt keine Garantie oder Gewähr für Aktualität, Korrektheit, Vollständigkeit und Qualität der bereitgestellten Informationen. Druckfehler und Fehlinformationen können nicht vollständig ausgeschlossen werden.

Impressum: Ataro Kitap Yayıncısı, İsmet Kaptan, Gazi Blv. No:116, 35210 Konak/İzmir, Turkey, atarokitap.izmir@gmail.com

Printed in Poland
by Amazon Fulfillment
Poland Sp. z o.o., Wrocław

75765305R00066